LES ENDORMEURS

le 14
92

OUVRAGES DU MÊME AUTEUR

ASNIÈRES. — IMPRIMERIE LOUIS BOYER ET Cie.

W. DE FONVIELLE

LES

ENDORMEURS

LA VÉRITÉ SUR LES HYPNOTISANTS
LES SUGGESTIONNISTES, LES MAGNÉTISEURS, LES DONATISTES,
LES BRAÏDISTES, ETC.

PARIS

A LA LIBRAIRIE ILLUSTREE

7, RUE DU CROISSANT, 7

I

LE JOURNAL DES DÉBATS
ET LES ENDORMEURS

LES
ENDORMEURS

I

LE JOURNAL DES DÉBATS ET LES ENDORMEURS

Dans le numéro du 24 juin 1816 commence l'analyse de la collection des *Annales du Magnétisme*, revue spéciale, qui résumait à ce moment les expériences et les prétentions des partisans du magnétisme. Le rédacteur du célèbre journal, vers lequel étaient alors tournés tous les regards de l'Europe savante et libérale, s'exprime en ces termes :

« O ciel ! que dira l'Académie des sciences, qui a condamné le magnétisme animal, il y a trente-deux ans ? que diront les sociétés de médecine, qui ont nié jusqu'à son existence ? que diront les chimistes, les anatomistes, les physiologistes, les pathologistes, les naturalistes, les anthropologistes, les

ichthyologistes, les tétrapodologistes, les ornitholo-
gistes et les entomologistes, lorsqu'ils apprendront
que le serpent magnétique, dont ils croient avoir
écrasé la tête, se relève avec fierté, siffle ses ennemis, et, s'entortillant autour du *Lituus*, devient le
serpent sacré d'Esculape, le symbole de la vie et de
la santé !... »

Ce n'était pas la première fois que le *Jour-*
nal des Débats avait à se mesurer contre les
adeptes du baquet de Mesmer, et leurs re-
muants successeurs.

Voici comment, deux années auparavant, lorsqu'au milieu des malheurs de la Patrie l'armée
des endormeurs faisait son apparition à Paris,
un vaillant rédacteur défendait les droits de la
raison et du bon sens.

« Quand on a vu revenir une légion de Tartufes, on devait bien en conclure que tous les
enchanteurs, les nécromants et les baladins
mystiques viendraient prendre leur place à la
curée de la sottise. Si une odieuse corporation,
condamnée par les rois chrétiens, par les cours
de Justice et par le Saint-Père, se remontre
avec audace et signale déjà son retour en dé-
pouillant les familles, faut-il s'étonner de re-
voir une autre société qui n'a été condamnée

que par le bon sens... Il est assez remarquable
que ces deux espèces d'endormeurs se rencon-
trent à la fois sur l'horizon. Mais c'est un
effet de ce parallélisme qui ramène les mêmes
sottises trois ou quatre fois par siècle, et toujours avec un nouveau cortège de miracles..
Remarquons bien qu'à toutes ces périodes de
mysticité, il a toujours été question de faire
naître, de donner, de distribuer la lumière...
Il est donc bien démontré que ces prétendues
lumières sont toujours contemporaines de
quelque grosse bêtise... On ne pense jamais
plus à la lumière que quand on n'y voit goutte...
car c'est alors qu'on en a le plus besoin... »

Dans ce sens, j'avoue que nous sommes dans
le siècle des lumières, entre les Jésuites et les
somnambules.

« On ne me persuadera jamais, dit-il, que le magnétisme puisse être un moyen curatif, encore moins
une panacée universelle, encore moins qu'il donne
la faculté de lire à travers les murailles, et qu'il
agisse à de grandes distances comme de Paris à
Rome, et même de Paris à Pantin. Je laisserai con-
ter à qui voudra qu'un somnambule lit avec son
dos ou avec son ventre ; qu'un autre dormeur a vu
à une lieue de distance, et sur le sommet d'une
montagne, une touffe d'herbes qu'il nomme, dont
il pressent les vertus, et dont il ne connaissait pas

même le nom. Je ne parle point des somnambules qui lisent dans l'avenir, et qui ont annoncé vingt ans même d'avance toutes les phases de la révolution française. Ce sont des gens qu'il faut admirer et avec lesquels on ne discute pas. Ceux qui ajoutent foi à leurs prédictions méritent d'être confiés au docteur Pinel, son *Traité de l'aliénation mentale* indique bien le genre de médication qui leur convient. »

Voici certainement de sages paroles, auxquelles nous n'avons rien ni à ajouter ni à retrancher ; mais le savant qui les prononce n'est pas sans éprouver le besoin de faire en quelque sorte son examen de conscience. Il se demande, non sans quelque inquiétude, s'il n'a pas commis de faute contre la logique, le bon sens, quelque outrage à la raison, puisque les magnétiseurs et les somnambules le poursuivent de leurs publications.

« Pourquoi, dit-il, avec une feinte ingénuité, les rédacteurs des *Annales magnétiques* m'ont-ils envoyé leurs feuilles avec tant de persévérance? Quels sont mes titres à cette faveur ? Je crois avoir deviné. Ces messieurs auront lu, dans le *Journal des Débats*, quelques articles où je parlais de médecine et de physiologie. Ils m'ont trouvé suffisamment ignorant pour être enrôlé dans le régiment des somnambules; ils se sont écriés, comme les docteurs de Molière : « *Dignus est intrare in nostro docto corpore.* »

La raison n'est pas tout à fait celle que l'auteur articulait en badinant. Mais elle en est voisine. Les endormeurs le *poursuivaient* parce qu'il avait eu la faiblesse de leur faire certaines concessions et qu'ils sont de l'acabit de ces gens qu'il faut tenir rigoureusement à la porte, sous peine qu'ils deviennent maîtres dans votre logis. Il s'était trop facilement impressionné par quelques faits qui, quoiqu'ils parussent étranges au premier abord, n'ont rien, fussent-ils purs de toute simulation, qui puisse ébranler la raison. Surpris, stupéfié, lui-même, il avait oublié qu'il n'y avait rien de réellement nouveau dans les contorsions, dans les grimaces, dans les convulsions, dans les extases qui se déroulaient devant lui. Par ménagement des préjugés, crainte des susceptibilités, effroi de s'insurger contre l'évidence, de se rendre ridicule à ses propres yeux, il n'avait point voulu défendre dans toute sa rigueur le verdict des commissaires de l'Académie des sciences. Il n'avait point osé attribuer à l'imagination, à l'entraînement, dans ces étranges et singuliers phénomènes, tout ce qui n'était point le résultat de la dissimulation, de la ruse, de la malice, de la supercherie et de combinaisons coupables.

Il voit bien qu'il a pêché par faiblesse contre
la logique, et que son bon sens a été en quelque sorte séduit par ses sens.

« Quoique j'aie toujours parlé avec irrévérence,
s'écrie-t-il, des guérisons magnétiques, des prophé-
ties sans nombre des somnambules, et des visions
de Mlle Julie, j'ai soutenu qu'il y avait des effets
réels dans ce que l'on nomme, sans doute impro-
prement, le magnétisme animal. »

Il avait laissé ouverte une petite brèche, une
simple fissure, et c'était par là qu'il redoutait
que la cohorte obscurantiste ne se fût intro-
duite dans la place qu'il était chargé de défendre.

L'invasion a été moins rapide qu'il ne le
supposait. En effet, il émet un peu plus loin
quelques craintes sur la manière, dont le *Dictionnaire de médecine et de chirurgie* en
50 volumes traitera l'article *Magnétisme* quand
il sera arrivé à la lettre *M*.

L'honorable M. Virey, chargé de cet important travail, s'en tira d'une façon digne de l'auteur des *Rapports de la Philosophie et de la
Physiologie.*

« Le vrai médecin philosophe, dit avec autorité ce sage et éloquent auteur, sait qu'il faut *ma-*

gnétiser la confiance de son malade et donner de l'empire à ses prescriptions, à ses remèdes, pour les rendre efficaces; il connaît toutes les pratiques que l'on a jadis exercées et que l'on peut chaque jour exercer sur les imaginations faibles, sur les individus débiles; il n'ignore rien de ce que renferment sur ce sujet les annales de l'extravagance humaine, sur la démonomanie, la magie, la nécromancie, et les antiques racines des folies modernes. Il étudie la nature, il observe les faits sans enthousiasme et sans prévention; et, ennemi des opinions extrêmes et passionnées, il n'admet que des vérités bien prouvées. *Quand les magnétiseurs auront nettement séparé leurs opérations de tout contact avec l'imagination, avec les sympathies, ou l'imitation naturelle des mouvements qui se communiquent entre individus; quand ils montreront par d'autres moyens que par des séductions d'esprits faibles et prévenus, l'eau magnétisée, un arbre magnétisé, agissant sur d'autres personnes; quand ils feront lire une femme somnambule devant une Académie des sciences,* ALORS IL SERA JUSTE DE LES CROIRE.

» Jusque là il sera permis d'attribuer leurs cures et autres résultats réellement obtenus à des communications nerveuses, à des voies très connues de prestiges et d'illusions, de tous temps exercés sur les intelligences. »

Afin de compléter cet exposé éloquent et lucide qui s'applique littéralement de nos jours

1.

à l'hypnotisme sous toutes ses formes, M. Virey ajoute avec une froideur glaciale :

« Voyez nos articles : *Enthousiasme, Exaltation, Imagination, Influence, Instinct.* »

Cependant, de même que la goutte d'eau finit par user et creuser le roc le plus dur, ainsi la persévérance des magnétiseurs a transformé le feuilleton scientifique du *Journal des Débats.*

Si le rédacteur de 1816 peut encore s'intéresser aux affaires de ce monde, si, comme les sages qui, des Champs-Élysées des anciens, apercevaient encore les actions des hommes, il peut, pour son malheur, lire le journal dont il fut une des gloires, comme il doit s'affliger en y trouvant imprimées les lignes suivantes que nous choisissons au milieu de beaucoup d'autres aussi peu raisonnables, et que nous cueillons en quelque sorte au hasard.

« A la Salpêtrière ! De plus en plus singuliers les phénomènes nerveux chez les *hystéro-épileptiques*(1). Voilà que le chef de la clinique vient de reconnaître que certains troubles nerveux peuvent être transmis à distance, d'un sujet chez un autre placé sous l'influence d'un aimant. Tel sujet est *hémianesthésique,* c'est-à-dire insensible de tout un côté du corps; on le met en présence d'un autre, et l'insen-

(1) Nous prions le lecteur d'excuser tous ces ridicules

sibilité est transférée du premier sur le second.
Les deux malades sont disposées dos à dos et
même à une certaine distance, et on cache dans le
voisinage un puissant aimant. Les deux sujets sont
des hypnotiques (1). Aussitôt on peut transférer de
l'un à l'autre l'hémianesthésie, des paralysies diverses, monoplégies, toxalgies, etc. Mais il n'est pas
nécessaire que les deux sujets soient hypnotiques (1).
Une jeune fille est atteinte d'un *mutisme spon-
tané* (2); elle se présente à la consultation. On la
met en rapport dos à dos avec une hystérique hypnotisable (1) de l'hôpital. Aussitôt le mutisme se
transmet, comme par enchantement, à l'hypnotique (1) que l'on débarrasse de son mutisme par
suggestion (3); malheureusement, il ne disparaît
pas chez la jeune fille. On renouvela cette expérience douze fois consécutivement. A la fin, le mutisme de la malade s'est transformé en extinction
de voix; elle peut maintenant parler à voix basse.
Ce traitement par transfert est vraiment tout à fait
original. »

et tristes barbarismes qui sont dans le texte, et qui
servent, comme dans le discours du faux helléniste de
Molière, à dérouter le lecteur.

(1) Lisez somnambule.

(2) En bon français cela veut dire que cette fille qui
parlait fort bien a cessé tout d'un coup de parler. Miracle facile à réaliser sans grands frais d'imagination,
et avec la moindre dose de persévérance.

(3) En lui disant de parler. Plaisante merveille !

Le clairvoyant critique ne se contente pas de citer les Hébreux, qui choisissaient pour émissaire un bouc et le chassaient dans le désert après l'avoir chargé de tous les péchés d'Israël... poids immense qui ne l'empêchait pas de fuir au galop.

« Par ce temps de choses extraordinaires, dit notre savant, avec un enthousiasme digne du *Bourgeois gentilhomme,* on ne peut s'empêcher de songer à un vieux préjugé très répandu dans certains pays... »

Alors voici le successeur de Léon Foucault qui, d'un ton digne du plus grave journaliste de tout Paris , rappelle que les rebouteurs, les sorciers de village, conseillent de guérir les maux, même réputés incurables, par la cohabitation avec certains animaux. Le procédé est des plus simples. Souffrez-vous d'un mal que la médecine déclare hors de son atteinte, mettez votre chien près de vous... Vous ferez plus sagement de prendre votre chat, l'animal favori des sorcières, consacré à Hécate et que Mahomet affectionnait d'une façon toute particulière... Vous, vous guérirez... Ce sera votre chien ou votre chat qui périra, parce qu'il emportera la maladie, qui est docilement montée en croupe sur lui, comme le squelette sur le

cheval d'une légende que je recommande à
M. de Parville.

Comme c'est beau, comme c'est simple,
comme c'est digne de la ville-lumière, à la
veille du centenaire de la prise de la Bastille.

L'illustre critique tire de sa poche un docteur Hochstetten de Lausanne, et lui emprunte
une histoire qui vaut bien son pesant d'or.

« Un ecclésiastique d'une trentaine d'années était
à l'agonie sous l'influence d'une fièvre aiguë ; le
médecin le considérait comme perdu. Son chat
vient se coucher sur son corps ; chassé, il revient à
la charge pendant plusieurs jours. La première
station du chat avait amené une transpiration abon-
dante, suivie d'une diminution de la fièvre. Pendant la seconde station, la transpiration devint
excessive. Le malade guérit rapidement. Quant au
chat sauveur, il disparut le surlendemain, et on le
trouva mort au fond du jardin, les poils hérissés
et les membres contractés. On ne retirera jamais à
cet ecclésiastique l'idée absolument tenace qu'il a
été guéri par son chat. »

Suit une autre histoire de chat que les curieux pourront lire dans *les Débats* du 23 dé-
cembre, car les histoires des chats abondent,
ajoute sentencieusement le critique.

Le successeur de M. Léon Foucault veut

bien croire à la possibilité d'une pure illusion (1), mais il s'empresse d'ajouter :

« Personne n'est autorisé, dans l'état actuel des
choses, à se prononcer dans un sens comme dans
l'autre. »

Il conseille gravement de faire l'expérience,
ce qui sera facile, sans contredit; car la République a assez de chats pour en envoyer un
détachement tenir garnison à la Salpêtrière.
La commission du budget a trouvé le moyen
d'économiser quelques milliers de francs, en
réduisant la ration du bataillon qui miaule
sous les ordres du ministre de la guerre.

La maladie mentale dont il est attaqué est tellement répandue parmi ses confrères que nous
craignons bien qu'il ne puisse se guérir avec eux
en employant la *méthode du transfert*. En effet,
le critique du *Gil-Blas*, celui du *National* et
celui de la *Liberté*, tous trois des docteurs
(pour ne pas parler des autres), ont écrit des
articles fort bienveillants, à propos de *Mort
de faim*, quoiqu'on cherchât à établir que le
« cher Merlatti » et l'illustre Succi n'étaient
que de simples simili-jeûneurs; mais tous trois

(1) S'il y a une *illusion* avec le chat, pourquoi n'y
aurait-il pas *illusion* avec la somnambule de la Salpêtrière, ô sage Henry de Parville ?

se sont entendus pour nous gourmander en termes énergiques, parce que nous avions osé écrire que nous ne ferons jamais sacrifice de notre raison, abnégation de notre intelligence. Mais dussions-nous encourir le courroux de toutes les Facultés de médecine, périr excommuniés, sans aucun des sacrements qui se nomment médicaments, vésicatoires, cataplasmes et clystères, nous ne croirons jamais à ce qui nous paraît absurde, à ce qui révolte notre bon sens, et toujours nous insurgerons contre les apothicaires qui viendraient nous faire flairer l'haleine de Succi ou les selles de Merlatti, pour nous prouver qu'on peut jeûner cinquante jours, sans d'autres réconfortants que l'*auto-suggestion* et l'eau claire.

Le mot d'ordre de nos contradicteurs est qu'il n'y a rien d'*impossible* à la médecine. Hélas! que de malades savent combien elle est renfermée dans d'étroites limites! Que d'infortunés atteints par la phthisie sont impitoyablement condamnés, et leurs parents, leurs amis demandent inutilement un miracle à la science impuissante, ne sachant reculer d'une heure les ravages du mal inflexible qui les ronge.

Jamais l'industrie des endormeurs n'a été si

prospère; les colonnes du *Petit Journal*, où les annonces se paient trente francs la ligne en dernière page, contiennent chaque jour le nom d'une série de somnambules, annonçant au monde et à la ville qu'elles savent lire l'avenir même dans le marc de café, et la pensée dans les lignes de la main. Chaque jour voit éclore des feuilles hebdomadaires ou mensuelles consacrées aux merveilles des arts occultes. La salle des conférences du boulevard des Capucines, fondée sous l'Empire pour secouer le joug obscurantiste du gouvernement, et où les hommes les plus célèbres ont mérité les applaudissements des patriotes, sert de tremplin aux plus dangereux apôtres de l'hypnotisme et du fakirisme. On dirait que les tentatives que nous avons faites pour les combattre sur ce théâtre de nos anciennes luttes oratoires, n'ont eu d'autre résultat que de leur faire comprendre la nécessité de s'assurer la possession exclusive de cette tribune....

Les femmes qui mettent en pratique l'enseignement des grands docteurs hypnotisants ne dédaignent pas d'établir leurs tréteaux dans les foires, de sorte qu'il y a maintenant comme une chaîne immense rattachant le ciel académique à l'enfer des foires, en passant par une multitude de feuilles simili-scientifiques et par le boulevard. Leur sagacité est quelquefois digne de l'illustre appui qu'elles trouvent maintenant en haut lieu.

Lorsque j'étais occupé à passer en revue leurs baraques, pour recueillir des renseignements statistiques destinés à mes conférences, j'envoyai un jeune homme se faire dire la bonne aventure, afin de me décrire la scène à laquelle il avait assisté. Mon messager revint me trouver après une séance assez longue. Je n'eus pas de peine à m'apercevoir qu'il était fort vivement impressionné.

« — Que vous a donc dit la somnambule? fis-je en riant.

— Aussitôt que je suis entré, répliqua-t-il avec animation, elle m'a fait asseoir; et aussitôt que j'eus payé elle me regarda d'un air de compassion, puis elle s'écria avec des larmes dans la voix :

— Vous venez de faire une grande perte dans votre famille.

— Ceci vous a touché, n'est-ce pas, dis-je en riant, et la drôlesse vous a arraché des confidences, mais elle n'a pas besoin d'avoir usé de beaucoup de finesse pour vous duper et vous êtes un grand serin. Avez-vous donc oublié que

vous portez à votre chapeau un crêpe et que
vous êtes en grand deuil ?... »

Le malheureux enfant m'avoua qu'il n'avait
pas songé à cette circonstance, et que, décon-
certé, il s'était laissé tirer les vers du nez de la
façon la plus niaise... Si je n'avais pas été là
pour le repêcher, il était frappé d'importance,
et enrôlé dans les rangs de la sainte confrérie.

La perspicacité de ces femmes est très
grande. A peu près à la même époque j'allai
acheter des numéros de je ne sais quelle feuille
magnétique chez une vieille sorcière que je re-
connus très bien comme ayant assisté à une de
mes conférences. Naturellement la commère
cacha son jeu, et manœuvra habilement pour
placer ce qu'elle savait sur mon compte. Elle
commença par diriger la conversation sur Jules
Favre et son frère Favre Clavairoz que j'avais
très bien connu, et qui était peut-être encore
plus fou que lui lorsqu'il s'agissait du magnétisme. Mais comme je lisais dans le jeu, non de
cartes, de la vieille, je manœuvrai si bien
qu'elle ne trouva pas le moyen de faire étalage
de sa science. Moi-même, si je ne l'avais pas
reconnue, parmi celles qui étaient le plus
acharné à me couvrir de huées, j'aurais pu
être intrigué quelque peu par son déballage.

Mais jamais à Paris l'esprit ne perd complétement ses droits, et la masse du peuple le plus intelligent de la terre se moque carrément des endormeurs.

L'autre jour, je passais sur la place de la République, où un charlatan à voiture vend des instruments de physique amusante, autrement dit, de magie noire. Afin d'exciter les chalands *à se fendre*, notre homme exécutait, fort prestement, ma foi, les divers tours auxquels son matériel pouvait servir. A un certain moment il interrompit ses démonstrations et fit monter sur sa voiture un individu qu'il interpella dans la foule comme s'il l'avait pris au hasard.

Il lui fit les passes et simagrées en usage chez les magnétiseurs, bien entendu l'individu s'endormit; après lui avoir fait exécuter les grimaces d'ordonnance, le charlatan le réveilla.

La foule, visiblement intéressée, semblait frappée de ce qu'elle avait vu.

« Mesdames et messieurs, dit le charlatan d'un ton goguenard, je vous ai promis de vous apprendre gratis à faire ce tour, eh bien, je vais m'acquitter envers vous. Sachez donc que monsieur est mon compère; il ne m'en a coûté que dix sous pour exécuter la représentation à laquelle, je pense, vous venez d'assister avec plaisir. La seule différence entre moi et ceux qui font payer, c'est que leurs compères leur coûtent beaucoup plus cher et qu'ils se gardent bien de les vendre. »

L'assistance d'applaudir, et de se tordre, d'une façon peu réjouissante pour les grands docteurs de l'hypnôse, et les illustres rédacteurs des journaux simili-scientifiques, qui seraient bien vite à *quia*, si quelques écrivains avaient plus souvent le courage de dire tout haut ce que tous les gens sensés pensent tout bas !

L'autre jour, je passais à l'endroit où le canal Saint-Martin se jette dans la Seine ; c'est un petit forum fréquenté par les saltimbanques. Un pauvre diable faisait du magnétisme en plein vent, ce qui est plus honnête que de faire le foulard. La recette avait été fort maigre ; il n'y avait que deux ou trois badauds à côté de la simili-dormeuse. Indignée de ne pas avoir entendu les sous dans l'escarcelle de son mari — ou de son simili-mari, — cette femme ouvre les yeux et s'apprête à se lever.

— « Attends donc que je te réveille ! » hurle l'homme, et il lui souffle à la figure comme l'indique le sage baron du Potet !!

II

CE QUE SONT LES ENDORMEURS

II

CE QUE SONT LES ENDORMEURS

Les anciens, les plus intelligents et les moins superstitieux, avaient la détestable habitude d'ajouter souvent beaucoup plus d'importance aux visions aperçues pendant le sommeil qu'aux objets vus et palpés pendant la période de veille. Chez eux les impressions de la vie imaginaire des songes primaient, en quelque sorte, celles de la vie réelle ; c'est pendant que les héros dormaient, plus ou moins profondément, que se sont passés les principaux épisodes de l'Iliade, de l'Énéïde, et de la Pharsale. Non-seulement les pontifes, mais aussi un grand nombre de philosophes, encore célèbres de nos jours, enseignaient que c'était pendant la période du repos absolu du corps que les Dieux

aimaient à se mettre en communication avec
les hommes.

L'art de déterminer d'une façon nette et précise le sens qu'il fallait attribuer aux paroles
que la Divinité prononçait, pendant ces appari-
tions mystérieuses, ou que ses envoyés faisaient
entendre, était considéré comme la branche
la plus sublime de la science augurale. Il suffisait de quelque talent dans cette spécialité
mystérieuse pour rendre les sybilles célèbres,
pour attirer aux pieds de leurs trépieds des
pèlerins, apportant les offrandes les plus riches,
et accourant des extrémités du monde sacré
et du monde barbare !

Sur le terrain mystique de l'interprétation
des songes, les envoyés de Jéhovah luttaient
avec les magiciens de Pharaon ; le Dieu d'Israël n'était pas moins prodigue de visions que
Jupiter. On peut dire que la Bible est un récit
d'événements réels, tissu de paraboles, et
émaillé par des songes. Racine a été véritablement inspiré par l'esprit des prophètes qui
nous ont laissé ce monument de l'esprit religieux
lorsqu'il a écrit le fameux songe de Jézabel.

Mais la philosophie du XVIIIᵉ siècle n'a point
fait grâce aux légendes du sommeil. Elle n'a
respecté ni le génie de Socrate, ni celui qui

s'est montré à Brutus dans les plaines de Philippes. L'art d'Olympiodore a été impitoyablement poursuivi par les sarcasmes de Voltaire, de Diderot et de leurs émules. Il a été si complétement discrédité que c'est devenu un délit de l'exercer en public, mais qu'on peut le pratiquer sous la tutelle d'un des descendants de Diafoirus ou de M. Purgon, si justement châtiés par Molière.

En effet, toute la dialectique des véritables maîtres de la pensée moderne consiste en quelque sorte à démontrer que l'homme ne peut arriver à la découverte de la vérité qu'en faisant usage de chacune des facultés qu'il possède à l'état de veille, qu'en se servant de tous ses sens pour observer les phénomènes au milieu desquels se passe son existence, qu'en se plaçant soigneusement dans des conditions qui rendent toute espèce d'illusion impossible. Les grands résultats que ces illustres chercheurs ont atteints sont dûs à cette méthode d'investigation, qui fait, à juste titre, la gloire de la philosophie moderne, et dans laquelle on ne prêtera jamais aux songes qu'une importance tout à fait secondaire.

Cependant, il se présente une école audacieuse, de prétendus libres-penseurs, qui viennent protester contre la méthode scientifique à laquelle l'esprit humain doit son émancipation. Ils s'arment du résultat des observations faites pendant l'état de somnolence, non-seulement pour contredire les études faites pendant qu'on ne dort pas, mais encore pour les bouleverser de fond en comble, pour n'en pas laisser même des ruines.

Pendez-vous de désespoir, illustres philosophes, physiciens hors ligne, qui avez inventé le microscope, imaginé le télescope, découvert le spectroscope ; que vous êtes fous de pâlir sur vos livres ! que votre naïveté est grande de vous éprendre de calculs algébriques ! combien vous êtes insensés de conquérir le monde aux merveilles de l'électricité et de la vapeur. Inutilement vous avez versé votre sang pour la liberté de penser, glorieux martyrs de la science ! Le plus parfait instrument que l'intelligence puisse posséder pour étudier le microcosme et le macrocosme c'est un être humain plongé dans le sommeil, non pas par un Dieu qui veut lui révéler les mystères de l'éternité, l'avenir de sa race, mais par un médecin, par un interne, par le premier venu.

L'individu endormi n'a pas besoin d'être un héros, un sage, un prince, il peut être une fille

rongée, lépreuse, plus qu'à moitié idiote, quelquefois même gâteuse... Fiers génies qui croyez
vous immortaliser, humiliez-vous devant cette
hystérique, qu'elle se nomme comme aujourd'hui
la célèbre Witmann, comme autrefois la célèbre Pétronille! Tremblez, mortels, en admirant
toute la puissance de l'hypnôse.

Ce sont les vertus du sommeil que célèbrent
presque exclusivement tous les auteurs, énumé-
rant les succès hors ligne des théories nouvelles,
et prétendant que pour faire faire un nouveau
pas à la science, pour ouvrir devant elle des horizons infinis, il suffit de savoir endormir quelques folles.

Si les membres les plus célèbres de l'Académie des sciences, les meneurs les plus en vue
de l'Académie de médecine, les rédacteurs en
chef des principaux journaux scientifiques, les
rédacteurs scientifiques des principales feuilles
politiques ont abandonné le nom de somnambule, ce n'est point parce que de nouveaux progrès ont obligé à confesser qu'on avait exagéré
les propriétés du sommeil. S'ils ont pris le mot
d'*Hypnotisé* dont le sens est identique, avec
cette seule différence qu'il vient du grec au lieu
de venir du latin, ce n'est pas que l'on a senti
le besoin d'exprimer une idée différente, c'est

uniquement parce que le *Somnambulisme*
ayant été condamné, après un débat qui a duré
dix-huit années, par l'Académie de médecine,
on espère faire revenir plus facilement cette
haute assemblée scientifique sur son verdict,
en présentant sous un nouveau nom les vieilles
idées, frappées par une sentence déclarée sans
appel, considérée comme définitive. Dans les
mots de Braïdisme, de Burkisme, de Fakirisme,
il ne faut chercher aucune définition précise, et
ne voir que des nuances insignifiantes, presque insaisissables dans l'art de provoquer ou
plus généralement de simuler le sommeil; ce
sont des termes, qui ont évidemment l'avan-
tage de dérouter l'ignorant, mais dont le but
principal est, après la dissimulation rendue
nécessaire par le verdict de 1837, de flatter
l'orgueil de quelques-uns des prétendus inventeurs, qui annoncent avoir imaginé un nouveau
moyen de provoquer le sommeil.

Le mot de *suggestion* n'a lui-même de sens
que si on le considère comme un terme servant à
désigner l'ordre que le magnétiseur donne à sa
somnambule, ou à ceux sur lesquels s'exerce son
prétendu pouvoir magnétique. C'est la désigna-
tion adoptée par tous les endormeurs de toute
catégorie, pour les injonctions qu'ils adressent.

Hâtons-nous d'ajouter qu'ils confondent, à dessein, les ordres donnés à haute voix, ou d'une façon intelligible, avec ceux qu'ils prétendent adresser mentalement, c'est-à-dire sans que leur somnambule puisse avoir aucun moyen matériel de se rendre compte de l'intention qu'ils expriment. C'est, comme on le verra plus bas, dans la confusion établie entre cette suggestion *purement mentale* et la *suggestion parlée ou mimée* que gît tout le secret de leurs prestiges menteurs. Leur art consiste, en quelque sorte uniquement, à faire croire qu'il n'y a ni concert préalable, ni communication matérielle entre eux et leurs somnambules. C'est cette *suggestion purement mentale* qui est, comme nous le verrons, une des plus grandes absurdités que les annales des folies humaines aient été appelées à enregistrer.

Si les histoires à dormir debout, que racontent les adeptes de l'hypnotisme, étaient fondées, il faudrait, comme le disait ironiquement M. Paul Janet, redouter à chaque instant qu'un malicieux inconnu vienne traîtreusement nous dérober notre raison et nous transformer en bête. La seule découverte qui rendrait son auteur digne d'une récompense publique, serait celle d'un procédé pour se

2.

tenir à l'abri de ces tout-puissants endormeurs.
Mais comme tout est illusion et prestige dans
ces théories abracadabrantes, il faut commen-
cer et finir par en rire. Ce n'est pas de la logique de Descartes qu'elles sont justiciables.

Malgré la répugnance que tout être humain
qui cultive sa raison doit professer pour l'usage
de la force brutale, on se sent involontairement
chatouillé par des tentations d'employer la ba-
rette d'Arlequin, quand on est condamné à lire
les recueils où sont gravement entassées toutes
ces sornettes.

Ayant eu l'occasion de nous trouver nez à nez
avec le directeur d'une de ces feuilles, ce personnage, apprenant qui nous étions, nous remit
le numéro qu'il avait en poche en déclinant ses
qualités. Quoique notre conduite pût paraître
contraire aux règles de la puérilité civile et honnête nous ne pûmes lui cacher quelle était
notre opinion sur le mérite de sa thèse, et nous
lui dîmes que ce qu'il nous donnait n'était
qu'un tissu d'absurdités et de non-sens. Notre
homme ne se troubla pas et répliqua : «qu'il
fallait bien occuper l'esprit à quelque chose, et
que les recherches de l'hypnotisme valaient
mieux que celles qui avaient pour but la découverte de l'art de diriger les ballons ».

Après nous avoir décoché ce trait de Parthe, qui ne nous atteint pas, car nous n'avons jamais cherché qu'à utiliser ces globes, notre confrère disparut.

Qu'eût-il dit si nous lui avions allongé quelques coups de canne, en disant comme excuse que nous n'étions sans doute pas libre, mais que nous n'étions que l'instrument inconscient d'un puissant hypnotiseur, appartenant à une secte autre que la sienne, et ayant, ô prodige ! employé le bras d'un incrédule pour le châtier des critiques qu'il s'était permises à son égard ?

O Molière, Pascal, Courier, Beaumarchais, illustres esprits qui avez flagellé tous les Tartufes, que n'avez-vous laissé quelques successeurs !!

Si l'histoire même des sottises et des folies des hommes se répète, si les mêmes personnages reviennent, en quelque sorte, de siècle en siècle, outrager le bon sens et insulter la vérité, ce n'est jamais sans employer quelques formes nouvelles. Le présent n'est jamais la copie brutale et servile du passé. Suivant les temps, Basile veut obliger d'aller à la messe, ou à la réunion électorale ; il ira faire ses courbettes à l'Œil-de-Bœuf de Versailles, dans les salons

de Compiègne, ou devant le zinc d'un troquet
de Belleville ou de Montmartre... Il sera Mus-
cadin, Sans-culotte, Incroyable, ou Décadent.

Dans l'épidémie d'insanité qui sévit actuellement un élément nouveau s'est révélé avec
éclat... c'est des maisons de fous que sont sorties des superstitions laïques, qu'on voudrait
rendre obligatoires. C'est de Bicêtre, de Cha-
renton, de la Salpêtrière que vient cette science
tranchante et transcendante qui veut tout expliquer par l'*hypnôse*. En effet, elle affiche
hautement la prétention de ne point laisser
pierre sur pierre de l'édifice si péniblement
érigé par les sages, par ces grands hommes qui,
pendant tant de siècles, ont cultivé la philosophie au péril de leurs jours.

Le procédé unique de ces novateurs, plus
que téméraires, est de consulter des déments
dans la guérison leur était confiée, mais dont
ils se garderont bien de faire disparaître les
infirmités. Aujourd'hui, ces maladies hideuses
constituent un capital scientifique dont on ne
se faisait qu'une idée fort vague au moyen-
âge ou à la Renaissance. En effet, même à l'é-
poque où François Iᵉʳ consultait Triboulet, il
n'accordait certainement point aux avis de
son fou assez d'importance pour les préférer

dans toute occasion à ceux des *sages hommes* dont il emplissait ses conseils.

Les musulmans, qui recueillent avidement les moindres paroles tombées de la bouche des insensés, ne nous donnent qu'une idée approchée du respect, quasi-superstitieux, que le moindre débutant dans la noble carrière professe pour les observations recueillies dans ces temples du savoir.

Si ces superstitions étaient confinées dans les bas-fonds intellectuels, où se recrutent les adeptes de l'anarchie, on n'aurait même pas le droit de mépriser leur invasion à une époque où, devant l'urne, il n'y a plus de vile multitude. Quelle ne doit pas être notre ardeur puisqu'elles atteignent les instituteurs de la jeunesse, les classes intellectuellement dirigeantes, et que la société contemporaine ressemble singulièrement à un poisson, puisque, comme le dit un proverbe arabe, il semble qu'elle se pourrisse par la tête. Après avoir fait tant d'efforts pour tirer le peuple du demi-sommeil où il végétait, nous ne souffrirons pas qu'on l'y replonge de nouveau, de sorte qu'il n'aurait pas même l'intelligence bien simple que suppose l'exercice de sa souveraineté. En effet, si la masse des citoyens

est séduite par des marchands d'orviétan
scientifique, si elle devient incapable de
compter sur ses doigts, le suffrage universel
devient une moquerie, et la République un
mensonge. Rien ne nous servirait d'avoir
détruit la tyrannie, puisque la multitude ne
tarderait point à en créer une nouvelle, dix
fois pire peut-être que celle que nous avons
éconduite, et, dans ce cas, qu'il valait mieux
conserver. Règle générale, ce n'est point la
peine de se tirer des mains du maître que l'on
a, quand c'est uniquement pour se laisser
réduire en esclavage par un autre.

III

LA PREMIÈRE CONDAMNATION
DES ENDORMEURS

III

LA PREMIÈRE CONDAMNATION
DES ENDORMEURS

Rien ne serait plus facile que de rédiger un ouvrage de haute érudition, dans lequel on montrerait que les phénomènes exhibés et commentés de nos jours sont extraordinairement éloignés d'être aussi nouveaux qu'on veut bien le dire. En effet, dans tous les pays, dans tous les siècles, ils ont toujours été présentés sous mille travestissements divers à l'admiration des gens superstitieux et crédules.

Certes, s'il suffisait à une doctrine d'être ancienne pour devenir vénérable, il n'y en aurait aucune qui pourrait disputer à l'hypnotisme ses droits à nos hommages. Nous

n'aurions pas beaucoup de mal à retrouver,
avant le déluge, des faits non moins surpre-
nants, et beaucoup plus dignes de foi, que
ceux qui figurent dans les catalogues de li-
brairies dites scientifiques, en vertu du
même principe qui fait que les Furies se nommaient les Douces, les Euménides.

Mais nous n'avons pas l'intention de refaire
en ce moment la *Physique des Miracles*. Loin
de nous la pensée de rééditer les ouvrages de
M. Figuier, dont la « Librairie illustrée » vient
précisément de publier une magnifique édition,
tout à fait digne du renom de l'auteur.

Nous ne parlerons même que très peu du
célèbre Mesmer, car aujourd'hui l'opinion des
gens sensés est tout à fait arrêtée à son égard.
Il est sacrifié, même par les adeptes de sa
prétendue science, au moins ceux qui veulent garder quelques dehors sérieux condamnent tout d'une voix son avidité et son
charlatanisme.

Toutefois, la manière dont il a présenté son
affaire et a essayé de la lancer, mérite d'attirer notre attention.

L'histoire de l'esprit humain nous oblige à
reconnaître qu'il y a un fond de superstition
qui, de temps en temps, fait éruption et per-

turbe le monde moral, de la même manière
que des volcans matériels viennent bouleverser le monde physique.

De même que les laves recueillies dans les
régions les plus éloignées offrent toujours les
unes avec les autres comme un air de famille,
et que les convulsions se forment et se propagent par des procédés voisins les uns des autres, on retrouve sans cesse les mêmes fraudes,
les mêmes fourberies, les mêmes mensonges,
de quelque nom qu'ils s'affublent, sous
quelque déguisement qu'ils se cachent. Toujours le philosophe reconnaîtra les vieux ennemis de la raison, et le public aussi, chaque
fois que l'on sera parvenu à leur arracher leur
masque.

Dans l'éruption de 1782, il n'y avait rien de
nouveau que le boniment imaginé par Mesmer.
Sa seule chance spéciale de succès était
l'émotion produite par l'approche d'une immense révolution dans la science et dans la politique. Il en a été de même en 1820, après la
grande découverte de l'action d'un courant
sur un aimant, et toutes les expériences exécutées par Arago, Ampère et leurs émules.

Les charlatans ont tiré parti une nouvelle
fois de l'émotion publique pour exécuter de

nouveau leurs prestiges. Enfin la crise actuelle,
qui semble avoir pris en ce moment des dé-
veloppements inattendus, se rattache directement à la construction du téléphone, du phonographe, et surtout du radiomètre. En effet,
l'inventeur de ce dernier instrument, un des
plus curieux produits de la physique moderne, est un des plus acharnés parmi les rêveurs qui cherchent à brouiller les idées de la
génération qu'il a étonnée par sa brillante découverte. Mais quelque gloire que M. Crookes
ait pu acquérir, elle n'est pas assez considérable pour faire perdre de vue les frontières
au-delà desquelles il n'y a qu'impossibilité,
absurdité, chimère. Ses innovations, quelque
brillantes qu'elles soient, n'ont pas effacé les
essentielles notions du bon sens parmi les savants de la fin du xixᵉ siècle (1).

(1) Lors de l'immortelle expérience des Mongolfier,
la vieille maréchale Villeroy expliqua naïvement l'effet
que produisait chez les esprits ignorants et crédules, les
découvertes inattendues de la science, et le bouleverse-
ment intellectuel dont profitent toujours les escamoteurs.
Comme on la vit qui fondait en larmes, on lui de-
manda la cause de cette douleur: — « Mon Dieu! répon-
dit-elle, ils vont bientôt découvrir le moyen de ne plus
mourir, mais je ne serai plus là pour en profiter. »

L'éruption de 1782 aurait offert certainement de grands dangers, si les charlatans
avaient trouvé des dupes ou des complices
parmi les chefs de la science officielle. Mais le
rapport publié en 1784 dans les mémoires de
l'Académie des sciences, après un examen
minutieux, auquel ont pris part Franklin, Lavoisier, Bailly, un des fondateurs de la grande
République, américaine, et deux des plus
illustres victimes des erreurs de la première
république, fit merveille. L'heure était favorable aux escamoteurs; jamais on n'avait
aussi bien justifié les beaux vers de Voltaire.

Le peuple aveugle et faible est né pour les grands
[hommes,
Pour admirer, pour croire et pour nous obéir.
Les préjugés, ami, sont les rois du vulgaire.

Cagliostro ne se bornait point à persuader à ses dupes qu'il possédait l'art
vulgaire de guérir; il évoquait les ombres des
morts, et faisait à volonté souper ses adeptes
avec César, ou coucher avec Cléopâtre. Comme
à une époque plus voisine de nous, il suffit à
ce thaumaturge d'avoir assez d'audace pour
approcher du trône, et compromettre d'une
façon irréparable la fille des Césars. Le néo-

phyte était à la fois séduit par toutes ces merveilles qui lui semblaient se prêter un mutuel appui. Au sortir d'une scène de crises contemplée autour du baquet de Mesmer il se rendait aux invocations du grand Cophte. Comme de nos jours, le spirite ahuri, entre une conférence de la salle des Capucines, une démonstration de la pôlarité humaine, et une séance de la Salpêtrière, trouve encore le temps de revenir à ses chères tables, et d'écrire quelques pages vides de sens, sous la dictée des plus illustres auteurs.

Grâce à la clairvoyance de leurs juges, on peut dire que les magnétiseurs d'il y a un siècle ont été pris la main dans le sac de toutes les manières possibles. La commission académique n'a laissé d'illusions qu'à ceux qui voulaient à tout prix en garder; mais on n'est point surpris, en revanche, qu'Arago et plusieurs auteurs dignes de foi aient insinué que la mort de Bailly et de Lavoisier n'ait point eu en réalité d'autre cause. Cette opinion n'est ni aussi bizarre, ni aussi invraisemblable qu'on pourrait le supposer au premier abord. Comment, en effet, les hommes qui voulaient escalader la fortune, escroquer les honneurs et filouter la gloire, à l'aide de quel-

ques tours de main plus ou moins grossiers,
de quelques compérages transparents, auraient-
ils pardonné, oublié la honteuse issue de leurs
manœuvres audacieuses? Eussent-ils vécu mille
ans, ils auraient toujours eu devant les yeux ces
mystifications grossières, absurdes, honteuses,
dont, peu clairvoyants adeptes de la science
des sciences, ils avaient été victimes, et que
l'honnête Bailly avait racontées dans son
rapport, avec son style placide.....

On avait prouvé, d'une façon magistrale, que
la femme, qui était le sujet le plus sensible,
ne se tordait que lorsqu'une sensation de
chaleur venait lui déceler l'approche de la
main de son magnétiseur.

Un des compères de la bande prétendait
entrer en crise lorsqu'il embrassait un arbre
magnétisé. On s'arrangea pour l'induire en
erreur, pour lui faire embrasser un tronc sur
lequel aucun escamoteur n'avait essayé le pouvoir de ses gestes, immédiatement le précieux
médium éprouvait les convulsions classiques.

La débandade fut complète. Elle est peinte
par un poète du temps nommé Déduit, qui
suppose Mesmer parti en ballon comme plus
tard Robert Macaire.

LE VENDANGEUR AÉROSTATIQUE

ou

LES ADIEUX AU BAQUET MESMÉRIQUE

Air : *Salut à M. Bobinot*

Des fameux secrets découverts,
On va donc porter dans les airs
    Les sublimes recettes.
De la plus rare en ce moment
On fait mener l'enlèvement.
Adieu, Baquet ! Adieu, Baquet !
    Tes vendanges sont faites.

**

O trop crédules Parisiens,
Faudra-t-il toujours que des riens
    Tournent toutes vos têtes ?
Vos regrets seraient superflus,
On ne magnétisera plus.
    Adieu, Baquet, etc.

**

Belles qui payâtes si cher
Du savantissime Mesmer
    Le toucher des baguettes,
Après le beau doigt de sa main
Vous soupirez, mais c'est en vain.
    Adieu, Baquet, etc.

**

Tes récoltes, beau Vendangeur,
Dans les airs vont te faire honneur.

Elles sont bien complètes
Maïs je doute que dans les cieux
Tes secrets semblent merveilleux
Adieu, Baquet, etc.

***

Vendangeur, tu suis les sentiers
De la gloire des Montgolfiers
Et de ses interprètes ;
Je te vois partager l'honneur
Qu'on doit rendre au jeune inventeur.
Adieu, Baquet, etc.

***

De retour du séjour des Dieux,
Ne débite pas en ces lieux
Quelques vides sornettes ;
Car moi-même, osant les nier
Je chanterais tout le premier :
Adieu, Baquet, etc.

Cette chanson n'a qu'un mérite fort médiocre au point de vue du Parnasse ; mais M. Déduit n'a fait que devancer l'ordre des temps, et sa singulière boutade nous permet de rappeler avec quelque à propos, des circonstances assez curieuses se rapportant à un art qui nous occupe en quelque sorte tous les jours.

Vers 1850, un magnétiseur eut l'ide de réaliser la chanson du *Vendangeur aérostatique*, non pas pour fuir ses créanciers, mais pour endormir une somnambule qu'il emmena avec lui dans les airs. Les *Annales de la Société aérostatique et météorologique de France*, qui rapportent les détails de cette expérience mémorable, nous apprennent qu'elle n'eut aucun succès, ce qui nous étonne profondément, à moins que ce brave magnétiseur ne soit resté dans la petite banlieue de la terre. En effet, lorsqu'on se lance résolument dans les profondeurs de l'atmosphère on n'a malheureusement pas besoin d'être somnambule pour s'endormir, malgré soi, et sans magnétiseur.

La nacelle d'un aérostat est un lieu prédestiné pour le succès d'expériences de somnolence, et les plus puissants opérateurs n'auraient pas besoin de droguer leurs sujets pour les faire tomber en crise, *au doigt et à l'œil.*

Le récit de M. Glaisher, publié il y a vingt ans dans les *Voyages aériens*, prouve que cet intrépide physicien et M. Coxwell se sont endormis spontanément, et n'ont évité une terrible catastrophe que grâce à la présence d'esprit de ce dernier, qui, se sentant défaillir, se pendit par les dents à la corde de la soupape, que le poids de son corps ouvrit automatiquement, et qui laissa échapper assez de gaz pour les ramener dans une plage plus

hospitalière. Qui ne se rappelle la drama-
tique ascension du *Zénith*, dans laquelle M. Tis-
sandier fut le seul à se réveiller ; ses deux infortunés compagnons s'étant endormis l'un et
l'autre de leur dernier sommeil ?

On peut même supposer qu'une ascension
aérostatique serait le meilleur moyen de
mettre un terme à une des plus ridicules
farces imaginées par les endormeurs contemporains, et exposées magistralement par un
de leurs porte-parole dans la *Revue scientifique*.

L'auteur de cette étrange communication,
invoquant l'autorité de M. Crookes, l'inventeur
du radiomètre, imagine que les magnétiseurs
ont le pouvoir de changer le poids des corps,
d'influer sur l'équilibre de la balance !

Afin de démontrer la vérité de cette articu-
lation monstrueuse, qui renverserait toute la
mécanique céleste, l'auteur met au pillage la
collection des Bollandistes. Il cueille dans la
Vie des saints, sans préjudice des auteurs
profanes, une série de légendes absurdes,
dans lesquelles quelques niais racontent qu'ils
ont vu d'autres niais, ou quelques charlatans,
s'enlever dans les airs par le secours d'une
force mystérieuse, et sans avoir recours à l'in-

vention des Montgolfier! Il n'omet que les sorcières, qui sont cependant, comme nous le verrons, les mères légitimes des somnambules et
qui, à cheval sur un bâton, parcouraient les
plaines de l'air.

Afin d'apporter l'appui des mathématiques
à une thèse si monstrueuse, qui nie la mécanique céleste, la stabilité de l'Univers, la per-
manence même du système du monde, cet auteur publie dans un numéro récent du *Cosmos*, un long travail, destiné à mesurer la diminution de poids obtenue par le magnétisme.

Comment ce physicien ingénieux, qui doit
avoir entendu quelquefois parler des ballons
puisqu'il est un de nos collègues dans la rédac-
tion de *la Nature*, n'a-t-il pas songé à l'aérostat du *Vendangeur* ?

En effet, si le magnétisme peut diminuer le
poids d'un morceau de bois, avec quelle facilité ne pourra-t-il pas dispenser les aéronautes
de sacrifier leur lest, leur sable, cette substance si précieuse, qui est leur vie même.....
Ce serait beaucoup plus simple que le
parachute Capazza. — En soufflant pour
dissiper le magnétisme le ballon retombe lour-
dement à la surface de la terre.... Le magnétisme animal donnerait le moyen de résoudre

le grand problème cherché depuis plus d'un
siècle, et auquel Pilâtre a sacrifié sa vie. Faire
monter et descendre un ballon sans sacrifier
ni du lest, ni du gaz..... Mais le simple énon-
cé de la solution suffit pour démontrer l'absurdité des assertions décevantes sur lesquelles elle se base.

Que faut-il penser d'un laboratoire de physiologie, où l'on a magnétisé gravement une
femme assise dans le plateau d'une balance....
et cela dans le but de s'assurer qu'elle ne per-
dait pas de poids lorsqu'elle entrait en crise?
Que dire de la raison des gens, qui nous ont
raconté avec surprise, que le sujet avait fermé
les yeux sans troubler la position horizontale,
qu'occupait le fléau de la Balance ?

IV

LE CONTRE-RAPPORT DU NEVEU DE JUSSIEU

IV

LE CONTRE-RAPPORT DU NEVEU DE JUSSIEU

La pièce jouée par Mesmer eût été incomplète s'il n'était parvenu à enrôler sous sa bannière un de ses juges, si un des académiciens qu'on avait désignés pour se prononcer sur la valeur de la doctrine, n'avait donné une preuve du peu de solidité de la raison de certains savants officiels, en se prononçant avec éclat contre ses confrères.

Notre rôle d'historien fidèle et impartial nous oblige à reconnaître que cet académicien n'était qu'un savant de seconde, et même troisième catégorie, le rejeton dégénéré d'une de ces dynasties scientifiques, qu'on a vu croître à l'ombre des murailles académiques dans

tous les pays du monde, et dont la dynastie de
Cassini est loin de nous offrir le type unique
pendant l'ancien régime.

Par lui-même Antoine-Laurent de Jussieu
n'était qu'un naturaliste vulgaire, sans style,
sans talent, sans valeur quelconque ; s'il n'eût
appartenu à une famille illustrée par son on-
cle, son ambition ne se fût jamais élevée au-
delà d'une place obscure dans les bureaux de
la ferme générale. Mais il avait servi si longtemps de secrétaire à Bernard aveugle, qu'il
avait ramassé toutes les notes pour publier son
unique ouvrage, les *Genera Plantarum*, qui lui
ont donné une gloire d'emprunt, une sorte de
reflet de celle du grand Botaniste.

Un tel homme ne pouvait être insensible aux
flatteries, aux flagorneries que les endormeurs
ont toujours prodiguées à ceux qui patronnent,
ou même tolèrent leurs erreurs. Appelé à
l'honneur de faire partie de la commission que
l'Académie de médecine avait nommée pour
examiner le magnétisme concurremment avec la
commission de l'Académie des sciences, et
qui était arrivée à des conclusions analogues,
Antoine Laurent refusa de signer le rapport
de ses collègues, MM. Mauduit, Audry et
Caille, et eut la singulière idée de publier, à

lui tout seul, un rapport dans lequel il s'écarte à la fois de l'Académie de médecine et de l'Académie des sciences.

Cette pièce, qui est assez étendue, n'est remarquable ni par la forme, ni par le fond, mais elle n'en demeure pas moins très instructive. En effet, à la grande joie des magnétiseurs, l'auteur ne se contente pas d'examiner si les faits articulés par Deslon sont prouvés, mais il traite la question du magnétisme animal au point de vue des grands principes. Il lui donne droit de cité dans le monde scientifique avant de savoir s'il existe. Sa méthode est analogue à celle d'un astronome qui aurait étudié la planète Neptune avant de l'avoir aperçue, et qui ne se serait pas contenté de dire, comme Bouvard, qu'on en pouvait soupçonner l'existence, comme Arago qu'il y avait lieu de calculer les régions où elle pouvait être cachée, et comme Leverrier, à résoudre les équations nécessaires pour désigner ses coordonnées approximatives. En outre, Antoine Laurent, avec une sorte de suffisance qui n'appartient qu'à la jeunesse arrivée par droit de naissance aux sommités scientifiques, assimile le magnétisme animal au fluide électrique. Il y applique sans sourciller le résultat des expériences de Coulomb et de Borda.

Son rapport établit une confusion constante entre
des choses qui n'ont nul rapport, comme le célèbre Van Suinden l'a établi dans trois volumes
remplis de faits curieux observés avec un véritable esprit scientifique et recueillis avec la
patience d'un Bénédictin.

. Cet ouvrage, remarquable à plus d'un titre et
qui, dans plusieurs chapitres, s'applique aux
prétentions des apôtres de l'hypnôse, est divisé
en quelque sorte en trois parties distinctes.
Dans la première, l'auteur s'attache à prouver
que dans les mots de « magnétisme animal »
Mesmer a compris une multitude de phénomènes qui n'ont aucun rapport les uns avec les
autres, et qu'il a lui-même varié sans cesse
dans les définitions qu'il a données. C'est ainsi
que procèdent les hypnotisants, qui sur ce
point, comme sur beaucoup d'autres, sont
restés de trop fidèles élèves de Mesmer. Dans
la seconde partie, il montre que le mesmérisme
n'est que du vieux neuf, et n'est qu'un ré-
chauffé d'extravagances ayant traîné dans tous
les écrits des alchimistes, des abstracteurs de
de quintessence. Ce point n'est plus guère
dénié par les hypnotisants qui, quelquefois,
s'en font gloire. Enfin, dans la troisième partie,
il examine avec détail les faits articulés par

Mesmer, et montre qu'ils sont contredits par les expériences, que la plupart même s'excluent les uns les autres. Il serait impossible de se livrer aujourd'hui à un semblable travail, les faits articulés par les nouveaux magnétiseurs étant trop multiples pour que leur réfutation individuelle ne soit pas fastidieuse. C'est par la quantité que les docteurs de l'hypnôse semblent en effet avoir entrepris de remédier à la qualité, ce qui ne serait un procédé de démonstration que si les *à peu près* ne devaient être exclus d'une façon définitive, quand il s'agit de nier les bases mêmes de la philosophie, de toute science, disons mieux, de toute recherche intellectuelle.

Si l'électricité a été invoquée avec enthousiasme par les endormeurs, son cousin le magnétisme l'a été bien davantage.

On ferait une histoire des plus curieuses, et, dans les circonstances actuelles, des plus instructives, de toutes les absurdités qui ont été débitées à propos des propriétés de l'aimant. Déjà Parcelse avait célébré son pouvoir pour guérir les maux de dents, et de grands médicastres de son temps avaient imaginé de se servir de cette puissance mirifique, en communiquant la vertu magnétique à des clefs, des couteaux, et surtout des lames d'épée. A ces grandes découvertes Ludcory, Aken, Stromer sont venus ajouter, qui en Allemagne, qui en Suède, qui en Angleterre, des recettes pour guérir les ophthalmies, les rhumatismes, les paralysies et, en général, toutes les maladies nerveuses. Une multitude de physiciens, qu'on devait croire plus raisonnables, ont été séduits par les merveilles de la double touche, par la singularité des modes de communication de cette faculté étrange, qui se nourrit en se donnant, qui s'exerce à travers les substances les moins poreuses, qui semble un défi à la science dont elle est le soutien le plus solide, et dont on a tiré tant de choses. Les Sigaud de la Fond, les La Condamine, les Paulin, les d'Arquier, les Kœstner, les Hallmann, les Glaubrecht et cent autres se sont distingués dans des expériences analogues à celles qu'on invente, ou, pour parler plus correctement, que l'on exhume de nos jours.

Même avant le grand Mesmer, le mathématicien Bauer et le conseiller Osterwald, on pouvait dire de l'aimant ce que le charlatan dit de son spécifique unique :

« Par un Prodige nouveau
Il sert à cirer les bottes
Et même à blanchir la peau. »

Si les docteurs qui croient qu'on peut voir
avec le ventre, n'étaient tout à fait perdus
pour la raison, on pourrait leur demander
comment il se fait qu'ils vivent en si bonne
intelligence avec les partisans du mouvement moléculaire, qui ont détruit tous les
fluides dont leurs maîtres faisaient tous leurs
régals, et à l'aide desquels ils expliquaient si
facilement toutes leurs prétendues merveilles?
Nous les prierions de nous expliquer comment
il se fait que leurs théories actuelles marchent
aussi bien qu'en 1782, sur les talons de la physique, quoique celle-ci sacrifie à des divinités
nouvelles, et brûle celles qu'elle avait adorées
pour en adorer d'autres qu'elle avait brûlées
jusqu'à ce jour?

Il y avait en Allemagne, il y a une vingtaine
d'années, un chimiste distingué, le baron Rei-
chenbach, illustré par l'invention de cette substance précieuse qui se nomme la Paraffine.
C'était de plus un observateur d'un haut mérite, à qui l'on doit les progrès actuels de la
théorie des météorites. Il a fait sur ces pierres
tombées du ciel, sur ces précieux joyaux cé-

lestes une infinité de mémoires du plus haut intérêt qui dénotent un sentiment profond de la nature, un esprit délicat et distingué.

Mais le baron s'est imaginé que les pôles des aimants laissaient dégager des effluves fluidiques, visibles dans l'obscurité pour certains yeux privilégiés, pour des organisations d'élite. Il a donné à ce fluide mystérieux le nom mystique d'*od*, dont nous croyons que le radical vient d'Odin, le dieu scandinave, et indique la toute-puissance.

Mais quoiqu'il ait passé des heures interminables dans l'obscurité la plus profonde, et qu'il ait imaginé de partager l'espèce humaine en deux classes, les sensitifs et les non-sensitifs, il en a été uniquement, exclusivement, pour ses frais d'études... Il est mort à la peine, sans avoir pu établir aucune expérience précise, nette, indiscutable.

Presque tous les endormeurs affirment sur le serpent d'Esculape, et les ailes que Mercure Trismégiste portait aux talons, que les somnambules doivent être sensibles à l'action des aimants, mais, malgré tous les efforts des adeptes du grand art, il ne s'est pas rencontré un seul sujet ayant la faculté de discerner l'espèce d'un pôle, ou simplement reconnaître

qu'un électro-aimant est ou non aimanté. Il
n'y a point à s'étonner de cette impuissance.
En effet, on peut dire que toute la physique
s'oppose à la prétention articulée tant de fois.
Une multitude d'expériences prouvent que
cette force immense, qui retient avec tant de
puissance les atomes du fer, n'agit en aucune
façon sur nos organes, aussi longtemps qu'elle
dure. C'est seulement lorsqu'elle s'établit ou
qu'elle finit, c'est-à-dire lorsqu'elle donne
naissance à des courants d'induction, qu'elle
peut être discernée, ressentie.

La conception chimérique de l'od n'est
qu'une réminiscence gratuite d'une des plus
folles théories de Lucrèce.

Chaque fois que des somnambules ont cherché à reconnaître l'état magnétique de morceaux de fer renfermés dans des boîtes, ils ont
échoué honteusement. S'ils avaient paru deviner, un examen plus minutieux a démontré
que le sujet s'entendait avec les expérimen-
tateurs, ou qu'il entendait le petit bruit que
fait le courant en passant dans les solénoïdes,
ou qu'il portait sur lui un petit objet en fer
quelquefois caché dans les endroits les plus
secrets, les plus sensibles, même les plus irdé-
cents. On peut mettre carrément au défi le

plus habile hypnotiseur de produire une somnambule douée du sens magnétique, aussi bien
que d'un organe générateur de l'électricité foudroyante. Si les femmes torpilles se montrent
dans les foires, on sait comment leur bobine
est disposée !

Cependant, avec quelle audace les magnétiseurs contemporains ne parlent-ils pas des effets
merveilleux opérés par l'aimant, du transfert
de la douleur opéré instantanément, beaucoup
plus rapidement que par les chats émissaires
de M. de Parville. Si l'on en croit ces hiéro-
phantes de l'hypnôse, l'aimant produit le dou-
blement, le triplement de la personnalité, il
réveille la mémoire engourdie, et cela d'une façon
étrange. Si un coquin a été au bagne, à la
maison centrale, à l'hôpital, on lui remémore à
volonté telle ou telle phase de son existence, en
présentant un pôle d'aimant à telle ou telle partie de son intéressant individu.

Ces expériences merveilleuses réussissent
surtout sur des vagabonds, des misérables, des
voleurs, des assassins. Bientôt, entre les mains
des magistrats instructeurs, l'aimant, aidé de la
suggestion, produira le même effet que les te-
nailles dans les mains des tortionnaires.

Mais ce n'est pas tout ; d'autres docteurs viennent apprendre aux auditeurs émerveillés de la salle des Capucines que l'être humain est un composé de faisceaux d'aimants, de sorte que chaque partie possède sa pôlarité propre.

Cette grande découverte est prouvée par les contorsions d'un sujet hypnotisable que l'on loue à tant l'heure.

On n'a pas craint de nous convier aux expériences qui devaient servir à établir scientifiquement toutes ces sornettes, et qui ont réussi au gré des feuilles où l'on casse l'encensoir sur le nez des gens à tant la ligne. Nous dirons un peu plus bas, quelques mots des impressions que ce spectacle a produit sur notre raison.

De ce que nous sommes réduits à condamner d'une façon absolue, radicale, définitive des recherches creuses, vides, absurdes, est-ce à dire que nous pensons que l'électricité ne joue pas un rôle éminent, considérable dans les phénomènes dont l'ensemble constitue notre vie? Faut-il en conclure que l'être humain ne soit point sensible aux influences de l'électricité ambiante, que notre âme ne se sente pas quelquefois émue, attendrie, par une étincelle qui jaillit dans l'air, et mieux encore par une flamme qui court dans une séduisante prunelle ?

que toutes nos résolutions, tous nos calculs,
ne tombent pas à néant devant l'électricité qui
se dégage peut-être d'un sourire, d'un regard,
d'un clignement d'œil, d'un geste muet ? O
mystère des mystères, merveille des merveilles!

Oui, le monde est le théâtre où se développent
des forces inconnues dont nous ne connaissons
qu'un bien petit nombre. Nous sommes comme
les aveugles dont parle Platon dans sa *Caverne*.
Encore le divin Platon nous flatte peut-être
beaucoup, quand il dit que nous entrevoyons
l'ombre des choses. C'est à tâtons que nous
nous dirigeons vers le soleil de la vérité.
Ses rayons ne nous atteignent, hélas! qu'à travers de bien gros et de bien lointains nuages.

Mais c'est précisément parce que nous
sommes tous pauvres, faibles, servis, ou plutôt trahis, par des sens imparfaits, que nous
devons nous garder d'adopter des méthodes
d'investigation vicieuses, captieuses. Nous ne
devons jamais cesser de porter les yeux sur la
lumière intérieure que l'auteur des mondes a
allumée éternellement dans le fond de notre
cœur. Voilà pourquoi il ne faut pas renoncer
à la méthode de notre grand Descartes. Voilà
ce qui fait que nous sommes condamnés à repousser énergiquement les expériences qui

nous semblent absurdes, et jusqu'à preuve
mille fois répétée du contraire, nous devons
supposer que nous sommes le jouet de quelque
fantasmagorie, de quelque illusion, de quelque prestige.

De même que le dévot de la Passion du
Fils de l'homme fait le signe de la croix et invoque le secours de son patron, lorsqu'il se
croit en présence de quelque tentation, repré-
sentant plus ou moins celle de Saint-Antoine,
de même le dévot de la Raison doit dire au
marchand de suggestion qui l'obsède : « Tu
es absurde... Va, je te reconnais, beau masque... Au nom de la philosophie, qui a nourri
ma raison et guidé ma jeunesse, *Vade retro,
Satanas.* »

V

LA PUISSANCE DE L'IMAGINATION

V

LA PUISSANCE DE L'IMAGINATION

Parmi tous les effets singuliers que les commissaires de 1782 avaient été appelés à constater, il n'y en avait pas un seul qui eût une
existence scientifique incontestable, et que l'on
se vît obligé d'attribuer à une force nouvelle,
à une intervention surnaturelle ou même à un
agent défini, mis en jeu par Mesmer ou ses
émules, en vertu de procédés dont ils avaient le
secret. Au nombre de toutes ces extravagances,
dont quelques-unes étaient, comme nous le
verrons, d'une haute indécence, on ne trouva
rien qui enrichît la physique ou la physiologie
d'une observation sérieuse, et qui, par-dessus
le marché, ne fût entaché du soupçon de simulation.....

Depuis lors, le résultat de toutes les investi-

gations sérieuses a été invariablement le même.
Toutefois, il y avait un élément qu'on ne peut
attribuer exclusivement au compérage, c'est-à-
dire à une entente voulue, formelle entre le
magnétiseur et la somnambule. L'imagination
des sujets avait une part incontestable dans
les phénomènes auxquels on assistait. Il fallait tenir compte de l'influence exercée par la
persuasion, l'influence morale, l'entraînement
ou, si l'on aime mieux, *l'emballage*. Telles sont
les forces qui ont fait illusion à quelques critiques distingués, jusqu'au point de leur faire
croire qu'il y avait dans le magnétisme quelque
chose qui ne se rencontrait pas ailleurs, et qui
leur a fait oublier que l'imagination est la cause
première de toutes les superstitions, de toutes
les croyances absurdes, de toutes les pratiques
hideuses, que le premier devoir de la science
est de faire disparaître.

L'imagination est un levier puissant, énergique, mais le progrès consiste-t-il à la mettre
en jeu par des procédés ridicules auprès desquels les mômeries de nos ancêtres sont des
chefs-d'œuvre de raison et de décence ? Faut-il
rappeler les processions en temps d'épidémie
pour frapper l'imagination du peuple comme
l'a fait l'évêque Belzunce ? Le gouvernement de

la Défense nationale a-t-il trahi la patrie en n'autorisant pas le général Trochu à faire sortir la châsse de sainte Geneviève ? Le seul moyen d'agir sur l'esprit des citoyens est-il donc d'imiter Championnet qui menaça de fusiller les prêtres de saint Janvier, si le sang de leur saint ne se liquéfiait pas sur l'heure ?

Qu'est-ce qui agissait sur les idiots qui encombraient la rue de la Roquette pour se faire bénir par le zouave Jacob ? N'était-ce pas l'imagination qui faisait peut-être bien des cures ? Mais le parquet a-t-il eu tort de mettre à l'ombre cet ancien trombone ?

L'imagination agit sur les gens les plus raisonnables ! Personne, hélas ! qui puisse se vanter d'échapper à quelque caprice inexplicable dont il sera le premier à rougir... Les plus vertueux ne sont pas à l'abri de quelques écarts. Mais quelle ne doit pas être l'influence de la folle de la maison sur les pensionnaires des asiles d'aliénés, sur les folles, et même sur les docteurs qui les soignent ! Quel est donc le savant, le philosophe, qui, la main sur la conscience, osera faire la part de cette force si admirable et si terrible à la fois et dire : « Ceci ne lui appartient pas... ici commence véritablement le domaine de l'hypnôse ! »

Nous adjurons nos concitoyens de ne pas se laisser séduire par des théories décevantes, mais sans fondement, sans raison, et qui ont des conséquences funestes, qu'on peut rejeter sans nuire au progrès, qu'on ne peut accepter sans ouvrir la porte à tous les mensonges, à toutes les impostures, sans livrer l'humanité à toutes les sectes ennemies de son repos, qui l'oppriment depuis les origines de l'histoire !

Tout ce qu'on prétend faire aujourd'hui à la Salpêtrière, on l'a fait auprès de l'église de Saint-Médard. D'autres docteurs ont attesté des expériences analogues à celles qu'on nous présente. S'ils n'ont pas photographié les patients c'est que Daguerre n'avait pas révélé son art, mais les hystériques de 1886 ne font que reproduire les convulsionnaires de 1740.

Est-ce que Greetwik, qui se rendit si fameux en Angleterre il y a deux cents ans, n'a pas imprimé une liste immense, authentique de ses cures ? Est-ce que les mystagogues n'ont pas eu, parmi leurs clients, et cela dans tous les temps, non-seulement des manants, des bourgeois et des médecins qu'on peut croire intéressés à mentir, mais la fleur de la noblesse, des hommes et des femmes au-dessus de tout soupçon, au moins autant qu'être humain peut l'être, des ducs, des princes, des papes, des rois, et des empereurs !

Chaque page des annales de l'humanité est remplie des effets de cette puissance sublime qui fait la grandeur, presque la divinité de l'intelligence humaine, mais qui en même temps est trop souvent la cause vraie de tous les excès dont nos annales enregistrent les débordements fréquents, terribles, épouvantables.

C'est l'imagination qui fait les héros, les poètes. C'est elle qui permet à la plume d'un Dumas de peindre les *Aventures des Mousquetaires*, avec un accent de vérité aussi grand que s'il assiste aux exploits de d'Artagnan. Grâce à l'imagination, Jules Verne fait le *Tour du Monde*, *le Tour de la lune*, *Dix mille lieues au-dessous des mers* !

C'est l'imagination qui fait que sainte Thérèse voit le Christ, que la Visitandine aperçoit les plaies de son cœur…, que sur la croix le Fils de l'homme voit son Père, que la vierge martyre ne voit pas la fauve qui va la dévorer dans l'amphithéâtre, qu'elle n'aperçoit que la palme qui l'attend dans le ciel, et qu'elle va cueillir, avec un courage dont les bourreaux romains seront frappés d'épouvante. C'est l'imagination qui faisait que Jeanne d'Arc enten-

dait ses voix célestes, qu'elle menait le roi
Charles VII au sacre de Reims; c'est l'imagination qui montrait à Tiers la France éperdue,
sanglante, rachetée de ses fautes et de ses
malheurs par la République triomphante. Mais
c'est aussi l'imagination qui montre à Lace-
naire, l'argent renfermé dans la sacoche du gar-
çon de la Banque de France, qui lui donne tous
les appétits d'un fauve ; c'est l'imagination qui
présente à l'anarchiste prêchant le pillage et
l'assassinat, un siège à la Chambre des Dépu-
tés, un portefeuille au ministère, ou même la
puissance dictatoriale ramassée dans le sang et
dans le pétrole ; c'est l'imagination qui agite
devant le simili-jeûneur les jouissances des
banquets futurs ; c'est l'imagination qui excite
Judd à fouiller la poitrine du président Poin-
sot, qui lui présente l'échafaud en perspec-
tive, qui lui donne la force, la hardiesse, de
sauter du train express filant à toute vapeur.

L'imagination est un élément qu'il faut ré-
gler, discipliner, afin de l'utiliser comme on
est parvenu à le faire pour l'électricité. Autrement on n'aura pas un Pétrarque, qui nous
chantera en vers admirables les charmes de sa
Laure, un Dante qui nous conduira au para-
dis avec sa Béatrix , mais notre Dulcinée ne

sera qu'une Maritorne sale et puante ! Nous
ne nous éprendrons pas de la République des
sages, mais nous nous passionnerons hélas ! —
pour la Commune, la hideuse Commune... Notre idéal deviendra Louise Michel.

Les magnétiseurs font appel à l'imagination
de leurs somnambules mais dans des conditions
atroces, épouvantables, enlevant l'usage de
toute raison, et méprisant les règles de la bienséance, les enseignements de l'expérience,
tous les usages qui ont présidé jusqu'à ce jour,
au rapport des sexes les uns avec les autres,
nous ramenant en quelque sorte, de pas en
pas, à la promiscuité des races barbares, aux
saturnales des Romains, aux débauches légen-
daires des nations orientales.

Ce côté terriblement dangereux de la question magnétique n'avait point échappé non
plus aux hommes savants et vertueux qui ont
été les premiers appelés à peser ses pratiques.
Ils ont appelé là-dessus l'attention des autorités judiciaires du royaume. Comme ils ne
pouvaient lancer ouvertement des accusations
si malheureusement fondées, si déplorable-
ment étayées sur mille faits patents, ils ont pensé qu'il fallait en faire l'objet d'un rapport secret, complétant leur publications, expliquant

comment l'imagination se trouve en quelque sorte surexcitée par mille appels non déguisés à la débauche !

Au moment où la folie magnétique s'était apaisée, un des législateurs les plus foncièrement honnêtes, les plus véritablement patriotes, les plus sincèrement vertueux de la première République, l'illustre François de Neufchâteau, crut qu'il était prudent, sage, philosophique, d'aviser aux moyens de l'empêcher de renaître. Afin d'arriver, il donna ce document mémorable dans le *Conservateur*, excellente publication, destinée à former l'esprit et le cœur des citoyens, à les rendre dignes des institutions qui allaient malheureusement disparaître. Ce fut cet homme de bien qui révéla la manière dont les endormeurs s'y prenaient pour augmenter le nombre de leurs dupes, pour troubler leur raison et pour ajouter l'attrait du vice à celui de la fraude.

Nous demandons la permission de renvoyer le lecteur à l'utile édition que l'éminent moraliste Vosgien a fait pour l'an VIII, et à ne pas reproduire ici ces pages aussi justement sévères que foncièrement honnêtes. Nous ne retenons que la condamnation elle-même, ses motifs nous importent peu, et ils se devinent aisément, pourvu que l'on ait assisté à quelques représentations de l'hypnotisme.

A propos du crime commis par le curé Mingrat, lequel avait assassiné sa maîtresse, et après l'avoir assassinée l'avait coupée en morceaux pour la rendre méconnaissable, Paul-Louis gourmandait le père de famille, assez sot, assez niais, assez simple, pour confier sa fille à un confesseur, et disait qu'il ferait beaucoup mieux de la mettre entre les mains d'un mousquetaire ou d'un hussard.

Qu'est-ce qu'aurait donc dit le spirituel vigneron de la Chavonière du père de famille, qui, deux fois plus simple, cent fois plus niais, mille fois plus coupable, aurait été la laisser à la disposition d'un magnétiseur pour en faire sa... somnambule?...

Mais, y en a-t-il eu un seul qui, jouissant d'un reste de raison, aurait commis une faute si lourde, si grossière, si absurde?... Non, je ne crois pas que l'on puisse citer un seul exemple.

En effet, on ne sait que trop comment se recrutent les somnambules et surtout les somnambules d'hôpital...

On s'est donné beaucoup de mal pour en exclure les sœurs de charité, pour en bannir les cornettes de filles, qui, pour la plupart, étaient

réellement passionnées du désir de bien faire,
qui avaient l'amour de la charité poussé quelquefois jusqu'au délire... Serait-ce pour y
faire parader à des femmes dont la charité
s'est exercée jusqu'à présent... d'une tout
autre manière, qui sortent de couvents où les
vœux que l'on fait ne sont pas précisément
ceux de chasteté... et où les confesseurs n'ont
pas besoin que l'on avoue les fautes, puisqu'ils
savent en retrouver les moindres traces avec
des miroirs révélateurs...

L'imagination surexcitée par l'enthousiasme
de la vertu, par l'espérance du salut éternel,
a produit de grands excès, mais incontestablement d'admirables résultats. Même après avoir
lu en frémissant le chef-d'œuvre de Diderot, on
ne peut s'empêcher de rendre hommage aux
grands dévouements, aux exemples d'une conduite évangélique à laquelle la philosophie la
plus sublime n'a rien à ajouter ni rien à retrancher, ni rien à reprendre. Mais ce que M. Figuier nous raconte avec tant de charme, les
diables de Loudun, la tragédie qui s'est termi-
née par le supplice d'Urbain Grandier, celle
qui avait amené auparavant le martyre de Gau-
fidy, toutes les extases des nonnes de l'abbaye
de Port-Royal, toutes les contorsions des épi-

leptiques avaient la même cause. Épouses du
Christ, ou filles râlant sur un grabat d'hôpital,
toutes ces amoureuses jeunes ou sur le retour,
anémiques ou pléthoriques, extatiques ou vi-
sionnaires, obéissent aux mêmes passions mises
en jeu par les mêmes moyens. Le magnétisme
animal est un moyen commode d'exciter les
convoitises de la luxure. Voilà l'attrait secret
qui le rend si précieux à certaines âmes.

Mais il est tellement dépourvu de poésie, de
but utile, d'élans nobles, d'aspirations élevées,
que ces procédés indignes ne doivent point
être tolérés parce qu'on lui a mis un faux
nez, et qu'il se présente effrontément sous le
nom d'hypnotisme. Ce n'est qu'un repris de
justice en rupture de bagne académique.

Dans une des conférences auxquelles nous
avons assisté il y a dix ans et auxquelles nous
avons attaché, dans l'*Électricité* que nous diri-
gions alors, une importance dont nous ne con-
naissions pas le danger, nous avons entendu
l'orateur s'écrier avec un dépit qu'il ne cherchait pas à *dissimuler* « qu'il était fatigant
d'avoir à se débattre constamment contre le
même reproche de *simulation* ».

Mais la faute n'en est-elle pas à ceux qui, comme
ce grand docteur, veulent baser la réforme de

la science sur des faits dont aucun n'échappe
au soupçon, qui tous sont susceptibles d'être
produits, sinon par la fraude concertée d'avance,
du moins par l'imagination non-seulement du
sujet, mais encore de l'opérateur?

En effet, les constructeurs et les apôtres de
ces théories abracadabrantes, sont le plus souvent un admirable exemple de la puissance de
l'imagination, qui, malgré leur science, les rend
dupes des ruses les plus plates, les plus bêtes;
l'électricité, dont ils invoquent le contrôle, ne
les rend que plus vulnérables, en endormant
leurs soupçons. Ils ne s'abandonnent que plus
aveuglément s'ils sont sous la protection imaginaire d'appareils compliqués. Ils ressemblent
à ces chimistes analysant les excrétions d'un
simili-jeûneur, pendant qu'un de ses gardes
lui met dans la main une boulette alimentaire!

L'imagination, l'imagination seule, entre
dans ces explications bizarres, qui ont une
vogue si générale et de si courte durée. Comment veut-on que les théoriciens qui font des
efforts intellectuels si grands pour les étayer
tant bien que mal ne tombent pas les premiers
dans les pièges auxquels échapperait l'ignorance.

C'est ce qu'a bien compris Voltaire lorsqu'il

a dit des convulsionnaires : *trompeurs trompés,
dupeurs dupés*, et qu'il a pu ajouter justement
d'hommes savants animés d'intentions excellentes :

« Opprobre de notre temps. »

Qu'il faut en effet de vertu véritable, pour
ne pas faire grâce de la vie à des expériences
peu sûres, mais qui établissent triomphalement des thèses que l'on nourrit, que l'on ché-
rit, que l'on caresse, pour le succès desquelles
on exposerait sa fortune, son existence. Ils
seront toujours trop rares, les théoriciens intè-
gres, montrant une fermeté susceptible de
faire pâlir celle de Brutus, envoyant leurs propres fils au supplice, et poussant l'amour de
la vérité, aussi loin que ce grand homme
poussa celui de la République.

VI

LA MÉDECINE IMAGINAIRE

VI

LA MÉDECINE IMAGINAIRE

Depuis le commencement de la crise actuelle les docteurs suggestionnistes et magnétiseurs ont pardonné à Molière d'avoir écrit le *Malade imaginaire*. Ils se sont même résolument emparés de cette comédie qui a dû si vivement indigner les Fagons et les Akakias.

Un grand journal jeûnard ayant à démontrer que l'eau claire de Merlatti, assaisonnée par la suggestion, devenait un comestible, termina sa réponse à *Mort de faim* par une citation qu'il croyait foudroyante.

Comme nous nous sommes refusé de croire à ces insanités qui révoltent notre raison, on nous a jeté à la tête l'éloge que M. Diafoirus père fait de son rejeton, pour conquérir le cœur de la belle Angélique.

« Mais sur toute chose, ce qui me plaît en lui,
c'est qu'il s'attache aveuglément aux opinions des
anciens, et que jamais il n'a voulu comprendre ni
les raisons, et les expériences des prétendues découvertes de notre siècle. »

Si notre contradicteur invoque cet admirable portrait de la routine c'est parce que les
magnétiseurs contemporains mettent au premier rang de leurs prétentions celle de guérir tous les *malades imaginaires.*

Certes, s'il n'y avait au monde que des Ar-
gant, si toutes les fièvres étaient dans la pensée, si toutes les coliques provenaient d'une
illusion, si la contagion n'avait jamais de véhi-
cule concret, si les microbes étaient des enti-
tés, si les médicaments n'avaient aucune valeur scientifique, si l'opium était un préjugé,
le quinquina un rêve, le tartre stibié un mensonge, l'on pourrait admirer cette méthode, mais
malheureusement, quelque grand que soit le
nombre des êtres volontaires et fantasques,
qui sont les pires ennemis d'eux-mêmes, il
y a au monde des souffrances bien plus réelles,
et, hélas ! bien plus intéressantes !

L'idée d'agir par l'imagination, même dans
les cas où il n'y a pas qu'elle qui soit frappée,

n'est point neuve. Déjà Hippocrate et Gallien ont pris le soin d'avertir leurs disciples, qu'il ne faut pas négliger de parler à l'esprit de leur malade en même temps que l'on cherche à agir sur leur corps. Obliger à regarder un point brillant pendant un certain temps n'est pas un procédé qui vaille mieux ou plus mal qu'une multitude d'autres ; on n'a point attendu les révélations des magnétiseurs pour employer mille stratagèmes, dont les plus bizarres sont certainement les plus efficaces, lorsqu'il s'agit de traiter quelque dérangement de l'intelligence, qui peut être très bien produit par l'affaiblissement du corps, ou l'acuité des souffrances que subit le malade.

Le *Rosier de Marie*, les livres de M. Lasserre, les guides du Pénitent, et une multitude de publications lancées par les presses piétistes regorgent de guérisons miraculeuses ; on cite tous les jours, pour la gloire du sanctuaire de Notre-Dame des Victoires, de Notre-Dame d'Auray, de la Vierge d'Argenteuil, de Notre-Dame de Lourdes, de Notre-Dame de la Salette, de saint Cucufa, etc., etc., une multitude de cures exécutées sur des moribonds abandonnés par les docteurs ; tous ces sanctuaires présanctifiés sont ornés d'ex-votos tellement nombreux

qu'ils cachent la lumière du jour. Il en est de
même de l'action prétendument miraculeuse
de l'eucharistie, de l'extrême-onction et même
du baptême, sur les maladies et affections du
corps, sur le retour à la santé dans des conditions presque semblables à la ressuscitation de
Lazare. Cependant, ce ne sont pas seulement
des libres-penseurs qui protestent contre un
usage profane de choses que nous prendrons
la liberté de considérer comme saintes, car elles
le sont certainement par les élans de piété
sincère qu'elles ont provoqués, par les sentiments d'humilité et de gratitude qu'elles ont
inspirés envers l'Auteur des mondes, mais les
ecclésiastiques pénétrés de la dignité du sacer-
doce ne font jamais entendre un autre langage.

Ils considèrent un pareil usage de la dévo-
tion et des sacrements comme un outrage à
la dignité de leur ministère. Nous n'en vou-
lons pour preuve que le traité des *Superstitions* de Jean-Baptiste Thiers, docteur en théologie et curé de village qui vivait à la fin
du xviie siècle. Le bon curé s'élève, au nom
des canons de l'église et des sentences des
saints Pères, contre une multitude de pratiques peut-être moins déraisonnables que
de s'hypnotiser comme les Brahmines, en sup-

posant que l'on s'endorme à coup sûr à force
de regarder son nombril. En effet quoique
l'imagination surexcitée puisse réagir d'une
façon bienfaisante sur les maladies du corps,
il ne veut pas qu'on donne sa maladie aux chats
comme l'admet le savant M. de Parville, il n'admet pas qu'une femme porte à son cou un morceau d'ambre comme talisman, et même un petit
cochon en guise de porte-bonheur. Il condamne les chrétiens qui sonnent les cloches le
Vendredi-Saint pour guérir le mal de dents, ceux
qui démolissent les toits des maisons pour
obliger la maladie d'en sortir... Nous n'en finirions pas si nous citions toutes les sottises qu'il
condamne et parmi lesquelles figurent toutes les
niaiseries, toutes les sottises de nos hypnotiseurs. Est-ce que les amis du progrès, qu'un
zèle indiscret égare, n'ouvriront pas enfin les
yeux quand ils verront qu'un simple curé de
campagne du temps de Louis XIV, et qui est
mort en communion avec l'Église, avait plus
de bon sens à lui tout seul que tous les grands
docteurs hypnotiseurs de la Faculté de
Paris et des autres ?

Si nous ne craignions d'abuser de la patience
de nos lecteurs nous continuerions la démonstration en montrant que tous les procédés de

l'hypnotiseur sont représentés dans la médecine chinoise. Si le bon sens public, aidé par
les autorités scientifiques et administratives,
ne mettaient un frein à ce courant fatal, on
n'aurait bientôt plus rien à envier à ces charlatans de l'empire du milieu qui possèdent des
règles précises pour le choix, la découverte des
boucs émissaires se chargeant du mal.

Que dis-je? on veut nous faire accepter des
choses qui révolteraient le bon sens du marquis
de Tseng, et même du colonel de Tcheng-Ki-
Tong, le Chinois de la *Revue des Deux mondes*.
En effet, à Pékin, on n'a pas encore imaginé de
lever par persuasion des cloches de vésicatoires ! ce prodige était réservé à ceux que Gambetta, les jugeant dans la politique, a appelés
les *sous-vétérinaires*.

Ce n'est pas d'un seul coup mais par nuances,
par degrés insensibles, que les apôtres de l'hypnotisme sont arrivés à annoncer qu'ils pur-
geaient par persuasion, et guérissaient la fièvre
par l'action étrange mais naturelle (on n'en connaît point d'autre depuis que l'on a supprimé
tout miracle), qu'une âme exerce sur une autre
âme, directement, et sans le secours d'aucun
des organes matériels, bons pour des esprits
grossiers comme le nôtre.

Les hypnotiseurs pouvaient invoquer, à l'appui des assertions, que des écrivains rétrogrades considèrent comme visiblement absurdes, l'opinion des anciens qui nourrissaient les dieux de la fumée des sacrifices, celle des Chinois qui pensent que les habitants de la lune vivent de l'odeur des fleurs, etc., etc. Cependant, pour mieux se prémunir contre les sceptiques, qui trouveraient de semblables exemples insuffisamment démonstratifs, on a pensé qu'il serait bon de cacher le tube renfermant les substances actives derrière le dos du patient. L'effet n'en a pas été moins brillant ni la matière moins « louable». Ce succès, célébré d'un commun accord par toutes les écoles hypnotisantes, a enhardi les opérateurs.

Ceux-ci se sont demandé s'il ne pouvait point arriver que la substance même du médicament fût inutile, s'il ne suffisait pas que l'on fît croire au malade qu'il y avait quelque chose dans le tube... Alors on a imaginé de le lui *dire.*

Bien entendu, on le lui a dit, non pas de bouche, en se servant de cet organe admirable qui se nomme le langage, et qu'un dieu seul peut avoir inventé, suivant les anciens auteurs. Les grands hypnotiseurs de notre siècle n'ont

pas besoin de se servir de l'invention du Vola-
pük, car, pour eux, la pensée n'a point de
langue, ils communiquent directement d'âme
à âme.

Ces nouvelles tentatives ayant réussi, nouveaux succès, nouveaux cris d'enthousiasme,
nouvelles sommations d'avoir à admirer la su-
blimité des méthodes nouvelles !

Mais que les gens dociles, qui, par amour de
la paix, pour éviter des contestations, par respect pour la majesté des auteurs de ces découvertes abracadabrantes, ont gardé le silence,
ne croient pas qu'on les laissera en repos, si
jamais on accueille toutes ces balivernes. Ils
ne désarmeront pas les novateurs, ils seront
aussi bien débordés que l'a été le rédacteur
du *Journal des Débats*, après les concessions
de 1816 à 1818. Les sacrifices auxquels ils se
résoudront, aux dépens de leur conscience et
de leur raison, ne feront qu'augmenter les appétits désordonnés de ces esprits turbulents,
de ces agités, en quête de nouveautés qui les
mettent en relief, à l'affût d'extravagances
qui dissimulent la pauvreté de leur intelligence, l'infécondité de leur imagination, la dé-
bilité de leur génie.

Guérir les *maladies du corps*, c'est déjà

quelque chose, mais ce qui est beaucoup plus fort, surtout lorsque l'on soutient qu'il n'y a point d'âme, c'est de guérir les *maladies de l'âme*. Voilà bien le couronnement de l'édifice qui n'est qu'ébauché par les vésicatoires subjectifs, par les purgations imaginaires, par le quinquina supposé, et par le tartre stibié pour de rire. Le vrai, le beau, le grand problème, le seul digne de l'ambition d'un véritable réformateur du genre humain, c'est l'éducation par infusion hypnotique de la science.

Travaillez, prenez de la peine, pauvres pédagogues, qui ignorez les secrets de l'art de l'hypnôse, suivez lentement les méthodes usées. Le rédacteur en chef d'un précieux journal vous regardera en pitié, avec dédain, avec mépris.

En effet, un grand docteur de l'école de Nancy ayant découvert que l'on peut suggérer à un homme mûr, de sens rassis (quoique hypnotisable), de se livrer aux extravagances les plus désordonnées, que l'on peut affaiblir sa raison de manière à ce qu'il ait perdu la puissance de se révolter contre les ordres qu'on lui donne à son insu, que l'on peut le réduire à cet état d'esclavage sans lui parler, sans le voir, sans qu'il en ait le moindre soupçon, un non

moins grand docteur de Paris a tiré de cette
précieuse découverte tout un procédé d'éducation transcendante.

Ce n'est plus ni par les lectures, ni par les
sermons, ni par les verges, ni par le pain sec,
ni par le cachot, ni par le cabinet noir qu'il est
raisonnable de faire le siège des intelligences rebelles, de les ouvrir à la lumière de la
vérité, de faire pénétrer dans les cerveaux
quelques rayons du soleil de la science.

Combien, en effet, l'hypnotiseur sera-t-il plus
assuré de réussir dans la transformation qu'il
tente, lorsqu'il dirigera sa puissante artillerie
cérébrale sur l'esprit encore mol et indécis d'un
enfant en bas âge, qui est encore presque au
sortir de la mamelle, lorsqu'il prendra son sujet à l'époque où il est en quelque sorte vierge
d'impressions, pourvu qu'il possède la force
d'attention suffisante pour regarder le bout de
son nez, pendant la période de temps nécessaire pour s'endormir.

Les expériences ont été véritablement in-
nombrables, les succès tellement rapides, fou-
droyants, que ce mode d'éducation auquel Rol-
lin n'avait point songé, et qu'il avait omis pour
sa honte, a séduit un inspecteur général de l'u-
niversité de France, un des plus puissants gé-

nies de l'époque. En effet, c'est à cet homme
illustre que l'on doit la connaissance d'un procédé qui permet de reconnaître la nation
des jeunes sourds-muets, auxquels on a appris
à imiter le mouvement des lèvres des parlants.
Ce moyen consiste à étudier l'accent qu'ont
conservé sans s'en douter ces machines incon-
scientes à paroles !

Nous ne chercherons point à résumer les
cures merveilleuses entassées par le rédacteur
du journal spécial consacré aux quasi-miracles
de l'hypnôse... Le moindre sans contredit, quoiqu'il n'ait pas été dû à un moindre personnage
que le rédacteur en chef de cette feuille savante,
est la guérison d'un enfant de onze ans qu'il endormit facilement en le faisant loucher pendant
quelques instants. Cet enfant avait la déplorable habitude de fourrer en dormant les doigts
dans sa bouche. Suggestionné à plusieurs re-
prises par le tout-puissant encéphale de ce pu-
bliciste, l'enfant renonça à son habitude vi-
cieuse. En outre, il déclara spontanément à sa
grand'mère « qu'il avait bien conservé le désir
de fourrer ses doigts dans la bouche, mais
qu'il sentait comme une force mystérieuse qui
l'empêchait de le faire ».

Malgré le poids de ces paroles mémorables et

le désir que nous aurions de reconnaître un
grand service rendu à l'humanité souffrante, il
nous est impossible de croire qu'il y ait autre
chose dans ce fait qu'une application de la méthode que l'on suivait à notre égard, quand pour
nous corriger de l'habitude de fourrer les doigts
dans notre nez, notre maman nous menaçait de
Croquemitaine.

En effet, pour admettre que cet enfant de
onze ans ait compris un ordre qui lui avait été
imposé pendant son sommeil sans qu'il eût
aucun moyen physique de l'entendre, il faudrait renoncer à toutes les conquêtes de la
physiologie, ou la philosophie de la science.
Bien plus, il faudrait tomber dans un tel désor-
dre d'idées que toute idée de science serait devenue inadmissible.

Ce n'est pas qu'on ne puisse guérir un enfant
d'habitudes beaucoup plus pernicieuses encore,
non pas en ayant recours à la raison qu'il n'en-
tend pas, mais à des menaces, à des contes, à
des subterfuges de mille natures différentes,
comme la peur de le faire emporter par le vi-
trier qui passe, par le charbonnier qui monte
une voie d'eau, ou la crainte du pain sec,
celle de la fessée avec la main sèche ou la
main mouillée, mais ce qui est absurde, inad-

missible sans tout brouiller, c'est la communication d'âme à âme.

Les Jésuites savaient bien depuis longtemps qu'il y a une liaison intime entre certains mouvements imposés, certaines impressions corporelles, et les pensées qui agitent l'âme. C'est avec un profond sentiment d'une grande et salutaire vérité psychologique, qu'ils disaient : « Priez et la foi vous viendra. » En faisant mettre à genoux l'enfant, en le conduisant à l'église, en l'obligeant à faire sa partie dans le chœur, en le serinant, s'il est permis de s'exprimer ainsi, on lui fait entrer la soumission par tous les pores. Tous les agents qui agissent sur les sens sont susceptibles d'être utilisés pour l'éducation d'une façon très énergique.

C'est ce qui fait que beaucoup de personnes qui ne croient pas à la divinité de la religion catholique, ni au pouvoir spirituel du Saint-Siège, se demandent sérieusement, et sans être paradoxales, si l'on n'a pas été trop loin en chassant le prêtre de l'école, où il peut avoir un rôle éducatoire. Mais ce qui ne fait l'objet d'aucune discussion, d'aucun doute, c'est que l'on aurait mille fois tort de le laisser remplacer par l'hypnotiseur. Le ministre de l'instruction

publique, qui céderait aux pétitions grotes-
ques dont on le bombarde certainement, ne
pourrait le faire qu'en obéissant lui-même à
des *suggestions* d'outre-Rhin.

Le peu d'effet que les grimaces peuvent
avoir, comme tout ce qui surprend l'enfant,
n'est rien auprès de l'influence d'attitudes res-
pectueuses, basées sur une connaissance appro-
fondie du cœur humain, consacrées par une tradition à laquelle on ne peut refuser de la grandeur, et sanctifiée par les services rendus. En
effet, on ne sait pas si l'Église peut être supprimée, mais ce que l'on sait c'est qu'elle nous
a tirés de l'état d'idolâtrie et d'abjection où vi-
vaient les nations païennes, et où vivent encore celles qui n'ont pas goûté les bienfaits du
christianisme.

N'allons pas remplacer des cérémonies qui
ne donnent pas satisfaction complète à la
raison, par des contorsions tout à fait déré-
glées, auxquelles la raison ne reconnaît aucune
circonstance atténuante, et qui ne sont pas
préférables aux recettes biscornues de la médecine des Chinois et des Nègres. Prenons
bien garde de ne pas donner raison à cette parole : *Qui veut faire l'ange fait la bête.*

VII

LA RESTAURATION DU MAGNÉTISME

VII

LA RESTAURATION DU MAGNÉTISME

La *Bibliothèque Internationale* et la *Revue scientifique* présentent aujourd'hui l'hypnotisme comme étant le couronnement légitime de la loi de sélection, de l'évolution matérialiste, révélée par Darwin et développée par Hœckel.

Que diraient de cette transformation les endormeurs de la restauration, qui sont arrivés en France avec les Bourbons dans les fourgons des Étrangers? Évidemment ils se résigneraient de bonne grâce, car dans tous les coups de balais les endormeurs ont trouvé le moyen de se trouver « du côté du manche ».

Mais il n'est point superflu de rappeler aux gens naïfs que le premier chef des endormeurs qui ait fait parler de lui, au milieu des mal·

heurs de la patrie, est un prêtre portugais nommé l'abbé Faria, qui avait sans doute obtenu quelque dispense du pape pour traîner sa soutane dans les salles de spectacle.

Ce personnage singulier, aussi effronté que loquace, a été immortalisé par Dumas dans le commencement de son immortel roman de Monte-Christo.

Le délicieux charmeur auquel nous devons cette charmante étude, paraît avoir puisé ses renseignements dans le premier volume d'un ouvrage qui devait en avoir deux et qui était intitulé modestement : *De la cause du sommeil lucide ou étude de la nature de l'homme.*

Les hypnotisants de nos jours seraient fort ingrats d'oublier leur grand-père. En effet, l'abbé Faria fut le premier qui osa renoncer à toute espèce de passe. Il disait : Dormez, et l'on dormait si on était hypnotisable, on disait alors magnétisable, ou si on faisait semblant de l'être. Je ne connais de plus hardi, qu'un opérateur de l'année dernière qui m'avait convié à une de ses séances du Grand-Hôtel, et qui laissait ses sujets les yeux tout grands ouverts. C'était habile parce que, de la sorte, ils pouvaient exécuter plus facilement tous les trucs dont il les chargeait.

Malheureusement il arriva à ce pauvre abbé Faria une étrange mésaventure, qui nuisit au succès de son apostolat, et fut probablement cause que son second volume ne vit pas le jour.

Piqué sans doute de ce qu'un curé en soutane se montrait sur les planches, un comédien fit semblant de dormir du sommeil magnétique. L'abbé Faria, qui faisait semblant de contrôler les assertions de ses sujets, déclara qu'il avait trouvé un médium hors ligne, et lui fit faire des merveilles.

Quand le public fut bien échauffé d'enthousiasme, le comédien ouvrit les yeux, déclara qu'il n'avait jamais dormi, et qu'il avait mystifié son prétendu magnétiseur.

Le naufrage de l'abbé Faria n'entraîna pas celui du magnétisme, parce qu'il avait un puissant soutien dans le marquis de Puységur.

C'était un sage, un philanthrope, qui n'avait pas émigré, mais qui pendant toute la révolution avait attendu le retour de ses monarques bien aimés sous l'orme, qu'il magnétisait et à l'ombre duquel il faisait danser ses vassaux. La restauration s'était empressée d'en faire un lieutenant-général du royaume. Lors du sacre de Charles X, il était si enthousiaste qu'il voulut camper sous la tente afin de faire la veillée des armes, comme ses aïeux à chaque sacre depuis le temps de Charlemagne. Un bon rhume envoya ce preux magnétiser les royalistes dans l'autre monde.

Mais quand la science magnétique fit cette perte irréparable, les découvertes d'Œrsted, d'Arago et d'Ampère avaient appelé de nouveau l'attention sur l'aimant. Fidèles à leurs habitudes, des apôtres du magnétisme avaient immédiatement tiré parti de ces progrès pour moissonner de nouvelles palmes dans les champs, hélas! si fertiles de l'imposture. Ampère, qui était myope, simple d'esprit et naïf d'âme, appartenait à moitié à l'armée des endormeurs.

C'est sur ces entrefaites qu'apparut le baron du Potet, un des charlatans les plus persévérants qui aient imité Mesmer. Il endoctrina le docteur Husson qui le laissa endormir les malades de l'Hôtel-Dieu.

En même temps un autre magnétiseur fut admis à la clinique de la Salpêtrière, où l'on eut une première édition des démonstrations qui rendent cet hôpital si célèbre dans les annales de l'hypnôse.

L'enthousiasme de nos jours n'est qu'un ré

chauffé, et l'on peut trouver dans les *Annales
du magnétisme* d'il y a soixante ans, la plupart des faits que l'on commente aujourd'hui
avec un si singulier entrain, dans le demi-
monde scientifique et littéraire. Sous le soleil,
au moins depuis qu'il a été magnétisé par
Mesmer, il n'y a rien de nouveau.

Le sujet qui tenait la corde, du temps de Sa
Majesté Louis XVIII, répondait au nom har-
monieux de Pétronille.

L'histoire de la première apparition du magnétisme à la Salpêtrière pourrait se résumer
dans ces mots encore plus expressifs qu'ils
sont simples : *Grandeur et décadence* de la
célèbre Pétronille.

Ne paraît-il pas que, sur les parois de l'amphithéâtre élevé aux frais de l'assistance publique, on devrait écrire, en guise de *Mane,
Thecel, Phares*, ces deux simples mots : « *Cave
Petronille* » ?

A la suite des aveux de Pétronille et de quelques circonstances dans le détail desquelles il
est superflu d'entrer, le conseil des Hôpitaux
décida que les expériences de magnétisme
seraient interdites.

Qu'arriverait-il de nos jours, si quelques-unes
des petites-filles de Pétronille se laissaient aller

à confesser leurs fraudes ? Il est permis de se le demander.

En effet, on nous a appris, il y a quelque temps, que l'on a défendu les représentations de Donato dans toute l'étendue du royaume italien. Hier, on nous annonçait que le ministre de Danemark vient de faire fermer toutes les cliniques des maisons d'aliénés où l'on donnait des séances à l'instar de celles de France.

Mais en 1824 le magnétisme était assez puissant pour résister au récit des exploits de la « célèbre Pétronille » et aux ukases du conseil des Hôpitaux.

Banni brusquement du théâtre où il occupait alors l'attention publique, il n'en reflua qu'avec plus d'impétuosité sur l'Académie de médecine.

L'Académie de médecine eut la faiblesse de nommer une commission chargée de décider s'il y avait lieu de s'occuper des phénomènes magnétiques. Elle eut de plus le tort plus grave de mettre dans le sein de cette commission un des docteurs qui avaient admis les magnétiseurs dans son service.

C'est pendant ces discussions que l'on vit M. Jules Cloquet présenter gravement un cas, auprès duquel tous les phénomènes allé-

gués pour prouver l'insensibilité des sujets
pendant la période de l'hypnôse ne sont que
de simples jeux d'enfants, et qui, si on l'admet
comme véridique, rend carrément toutes ces
petites piqûres dans le bras de Lucile tout à fait
superflues. Les hypnotiseurs feront très sagement de se procurer d'autres pelotes.

Cet éminent praticien, véritable enfant terrible de la médecine magnétique, car il n'avait
que vingt-et-un ans, annonça qu'une femme
âgée de soixante-quatre ans venait d'être am-
putée par lui d'un cancer au sein, que l'opération avait durée seize minutes, et que la malade
plongée dans le sommeil magnétique n'avait
donné aucun signe de sensibilité.

« Seulement, lorsqu'on vint à laver la plaie avec
une éponge imbibée d'eau froide, la malade éprouva
des sensations semblables à celles que produit le
chatouillement, et, sans sortir de l'extase, elle s'écria
plusieurs fois avec hilarité : « Finissez donc, ne me
chatouillez pas. » L'insensibilité était si parfaite
qu'il semblait que je taillais dans un cadavre. »

L'éther, le chloroforme et les autres anesthésiques étaient alors inconnus. Mais depuis
leur invention on n'a point obtenu des ré-

sultats plus merveilleux. Jules Cloquet de-
vançait l'ordre des temps.

Quoique sa malade mourut, sans doute gué-
rie quelques jours trop tard, nous ne compre-
nons pas que l'on ait, pendant soixante ans,
oublié une expérience auprès de laquelle toutes
les merveilles des anesthésiques disparaissent.

L'Académie de médecine se montra revêche.
La commission, chargée de se prononcer sur
la question préalable, avait nommé le docteur
Husson comme son rapporteur. Celui-ci essaya
d'obtenir l'adhésion de l'Académie de médecine, au lieu d'une simple prise en considéra-
tion. C'est une manœuvre qui est si naturelle
qu'elle aurait réussi, s'il ne s'était trouvé une
phalange d'esprits éclairés, et si pendant tous
ces débats il n'était survenu une révolution politique favorable aux savants, qui ne voulaient
point abdiquer leur raison pour croire des choses, absurdes..., qui rejetaient courageusement,
obstinément, tout ce qu'ils ne comprenaient
pas et qui déclaraient que les philosophes et les
chercheurs doivent faire de même en toute circonstance.

Ces hommes illustres étaient le docteur Donné,
rédacteur au *Journal des Débats*, le docteur
Double, rédacteur du *Journal de Médecine*,

Magendie, le créateur de la Physiologie expérimentale et l'éloquent professeur Bouillaud. Comme toute la Presse médicale de France est assourdie par les endormeurs, qui crient à la persécution, au martyre, l'Académie de médecine se devrait peut-être à elle-même de réimprimer l'histoire trop oubliée des débats mémorables qui ont duré si longtemps, agité si profondément l'opinion scientifique et dans lesquels ses commissaires ont si honorablement réfuté tous les sophismes des médecins protecteurs de somnambules.

Les bornes de la présente publication nous interdisent de songer à esquisser le tableau de ces séances intéressantes, et de refaire l'ouvrage si curieux de MM. Double et Burdin, l'*Histoire academique du magnétisme animal*. Mais, malgré notre désir d'abréger la partie historique, nous ne pouvons nous empêcher d'entretenir nos lecteurs d'événements singuliers, caractéristiques, montrant jusqu'à quel degré des docteurs dont les diplômes sont en règle poussent l'effronterie, et faisant regretter que la profession médicale n'ait aucune chambre disciplinaire, que le seul frein à l'esprit d'intrigue de quelques-uns de ses membres soit le ministère public. En effet, celui-ci ne

peut agir que dans le cas de délit caractérisé,
il reste désarmé vis-à-vis des manquements
les plus graves à la logique et au bon sens. Il
laisse sans s'émouvoir faire violence à la vérité.
Il ne connaît pas le crime d'attentat public à
l'histoire. Il n'empêche pas qu'on détrousse
impunément la science.

VIII

UN BANDEAU SUR LES YEUX

VIII

UN BANDEAU SUR LES YEUX

Malgré les criailleries d'une presse aveugle, d'une tourbe ignorante, excitée par des déclamateurs vulgaires, l'Académie de médecine, après un débat sérieux, solénnel, déclara que le magnétisme animal n'avait pas d'existence scientifique.

Mais la sottise et l'ineptie ne se lassent point de reprendre et reproduire les mêmes arguments, de les servir de nouveau sous une forme analogue, de les étayer de mille racontars absurdes, sans consistance et sans fondement. toutes les fois que les circonstances extérieures sont favorables, lorsqu'on arrive à ces explosions périodiques de crédulité, d'imbécillité, de superstition, que le *Journal des Débats* signa-

lait déjà en 1816 et dont le *Journal des Débats*
de 1886 est une des plus déplorables victimes!

Afin de mettre un terme à une agitation qui,
quoique factice, aurait pu devenir dangereuse,
un des membres les plus modestes et les plus
savants de la compagnie imagina une combi-
naison ingénieuse.

M. Burdin jeune proposa de décerner sur sa
fortune personnelle un prix de 3,000 francs à la
personne qui pourrait lire un écrit sans le
secours de ses yeux. C'était porter un défi tangible à tous ces magnétiseurs qui, de même que
nos hypnotiseurs contemporains, et par des
procédés identiques, prétendaient *infuser* à
leurs somnambules, par l'imposition des mains,
la qualité de clairvoyance!

Le docteur Pigeaire, de Montpellier, avait
une fille chez laquelle il prétendait avoir développé cette puissance merveilleuse, de lire à
livre ouvert avec un bandeau sur les yeux. Il
vint donc à Paris avec sa fille qu'il exhiba dans
les salons, où elle obtint de grands succès.

La raison de ces succès était bien simple, la
petite somnambule avait sur les yeux un bandeau fort habilement combiné par son père,
pour qu'il n'empêchât pas d'y voir par de tout
petits trous gros comme des pointes d'épingle

que l'on débouchait en le mettant en place.
C'était cette grande découverte qui faisait
l'admiration de la noblesse et de la haute
bourgeoisie, et qui donnait à l'inventeur l'audace de vouloir se faire attribuer les mille
écus du docteur Burdin, qui avaient été dépo-
sés chez un notaire, avec un acte bien en règle.

Des médecins célèbres, des chimistes, et des
littérateurs en renom se trouvaient parmi
ces dupes plus ou moins volontaires, qui laissaient user et abuser de leur nom pour in-
fluencer les membres de l'Académie de médecine; Georges Sand, alors au zénith de son
influence, était une des plus acharnées.

Un savant médecin, le docteur Frappar, frap-
pait à coups redoublés sur les commissaires
dans le *Bon sens*; un courant factice d'opinion
se forma très rapidement dans le public en
faveur de la petite merveille.

Heureusement, les commissaires nommés
par l'Académie de médecine se montrèrent de
moins bonne composition que les *gogos* des
salons, qui signaient avec un enthousiasme
tenant du délire des certificats, déclarant qu'ils
avaient *vu lire*.

On voyait bien que la petite somnambule
fraudait, en effet elle faisait mille grimaces et

mille contorsions, afin d'avoir un prétexte pour
changer ses trous de place, et les ranger dans
une position favorable, qui lui permît de les
braquer sur les imprimés qu'on lui montrait.

On s'apercevait à la contraction des muscles
faciaux, que le sujet cherchait à donner à ses
organes visuels la position convenable, pour
que sa rétine *se trouvât au foyer des petits
interstices* qui rendaient la vision possible.
Que l'on nous pardonne cette expression qui,
quoique inexacte, nous semble nécessaire pour
rendre notre pensée intelligible.

On avait de plus la certitude morale « qu'il
y avait embûche autour », suivant la belle expression de Panurge, car le père de la « petite
merveille » refusait opiniâtrément de se servir
d'un autre bandeau que celui qui avait été préparé par ses mains. Il rejetait notamment avec
indignation celui qui avait été combiné par
M. Donné, quoique ce savant prédécesseur de
M. de Parville eût pris les peines les plus mi-
nutieuses pour suivre tous les préceptes de
l'anatomie et de l'hygiène.

C'était une sorte de casque léger en fil
d'acier recouvert d'étoffe noire sans le moindre
petit trou, mais qui ne nuisait ni à la respiration ni à la circulation.

Comme l'étoffe n'était point en contact avec la peau, les contractions les plus violentes du sujet ne pouvaient le faire changer de place. Il était également fixé de telle sorte que le sujet ne pouvait l'incliner à son gré, en portant les mains à la tête, ce que « la petite merveille » ne manquait jamais de faire.

M. Pigeaire préféra rompre tout rapport avec la commission que de s'en servir. « Il avait essayé toute espèce de bandeau autre que le sien sans succès, parce que toute autre forme occasionnait des congestions à sa fille. En outre, celui-ci n'était pas appliqué directement sur la peau, ce qui paraissait être une condition essentielle de la vision au travers. »

Vainement on offrit au docteur Pigeaire d'emporter le *casque* chez lui, pour remplir à loisir l'espace intercalaire; il se retira en protestant, et sa protestation fut appuyée par les vociférations de toute l'armée des endormeurs.

On peut croire que de nos jours la bêtise humaine est plus épaisse qu'en 1840. En effet, les magnétiseurs ne prennent pas la peine de fabriquer des bandeaux, ils se contentent de mettre bourgeoisement un mouchoir sur les yeux de leur sujet, c'est ainsi que nous avons vu opérer chez un professeur de magnétisme

7.

qui voulait démontrer l'existence de la polarité humaine, par les crises observées sur une somnambule. Quand on lui présentait le haut d'un bouquet elle devait faire des grimaces d'un certain genre, c'était une autre espèce de contorsions auxquelles elle se livrait quand on tournait de son côté les tiges.

Le mouchoir qu'on lui avait attaché autour des yeux ne rendait point la vision excessivement difficile, mais par surcoît de précaution nous avons cru nous apercevoir que le médecin qui offrait le bouquet faisait des signaux en traînant habilement la jambe.

Le mouchoir est considéré comme suffisant grâce aux progrès de l'hypnotisme. On s'en contentait quelques semaines après dans un café voisin de la demeure du professeur de magnétisme.

C'est après avoir été aveuglée d'une façon aussi sommaire que nous avons vu opérer une autre somnambule. La drôlesse, dont le truc était encore beaucoup plus réjouissant, y voyait avec ses pieds, non pas nus, mais à travers ses bas et ses bottines, qu'elle n'avait pas même pris la peine de retirer. Elle lisait couramment des caractères à la craie que son Barnum avait écrits sur le plancher.

Mais pour voir ce qui se passait à ses pieds elle n'avait pas besoin de changer son bandeau de place comme mademoiselle Pigeaire. Monsieur Tournier, auteur de la *Chimie sans laboratoire*, qui nous accompagnait, nous fit remarquer qu'il lui suffisait de tenir la tête bien droite, pour voir le plancher, comme s'il n'y avait pas de bandeau, en utilisant le sillon naturel qui sépare le nez des joues.

Le public est tellement favorable à toutes les sornettes qu'on débite sous le nom d'hypnotisme qu'il était fort enthousiaste. Dès que le jour s'est mis à baisser la jeune fille a cessé de lire. Est-ce qu'à elle seule cette circonstance n'aurait pas dû suffire pour faire voir clair à ceux qui n'ont pas besoin, pour être frappés d'aveuglement, qu'on leur mette un bandeau sur les yeux ? Si par malheur de nouveaux docteurs Pigeaire sont appelés à faire parader leurs somnambules devant les commissaires de l'Académie de médecine, nous espérons qu'on les priera d'aller choisir leurs sujets hypnotisables chez les jeunes aveugles ou aux Quinze-Vingts, où il ne manque pas malheureusement d'infortunés à qui les yeux manquent ; mais ce n'est pas à ceux-là que les magnétiseurs cherchent à faire voir avec le ventre.

L'affaire du bandeau de mademoiselle Pigeaire s'envenima, et faillit faire autant de bruit que celle du collier de Marie-Antoinette. En effet, l'intéressante enfant continuait ses séances dans les salons, et recueillait chaque jour des certificats des notabilités du temps, en singeant l'inoubliable Galilée.

Le docteur Bouillaud écrivit un grand article historique dans lequel il résumait tous les tours des somnambules et des magnétiseurs, et il finit par répondre au docteur Frappart, qui avec une violence de plus en plus grande demandait de nouvelles expériences :

« Je ne refuse pas d'assister à ses miracles, mais s'il m'arrivait de vous répondre par cette fameuse doctrine de Diderot : « *Je le crois parce que vous l'avez vu*, MAIS SI JE L'AVAIS VU JE NE LE CROIRAIS PAS », si, dis-je, je vous répondais dans ce sens, qu'auriez-vous à m'objecter ? L'expérience que vous m'annoncez ne saurait en effet prouver une impossibilité physique telle que la vision sans le secours des yeux. »

En même temps, M. Donné, qui tenait le feuilleton scientifique du *Journal des Débats*, alors entre bonnes mains, poursuivait de ses sarcasmes les escamoteurs.

Il était quelque peu décontenancé de voir

qu'ils avaient tant d'audace, faisaient tant de
bruit, et l'obligeaient à quitter les travaux de
micrographie qui l'ont illustré, pour combiner
des bandeaux, dont les magnétiseurs ne voulaient point faire usage, en alléguant des pré-
textes beaucoup plus transparents que les bandeaux de leurs somnambules.

« Quelques-uns de mes amis, s'écrie-t-il
pour se justifier, trouvent que je prends beaucoup de peine pour pousser à bout le charlatanisme dénoncé par l'Académie de médecine.
Quant à moi, je crois avoir servi les intérêts de
la vérité. Encore quelques exemples de ce
genre et le magnétisme sera réduit à sa juste
valeur dans l'opinion publique. »

Malgré tous ces raisonnements le public fût
resté neutre, si un des commissaires n'avait eu
l'idée de construire un bandeau pareil à celui
dont se servait mademoiselle Pigeaire, et de
constater que cet appareil ne l'empêchait point
de lire.

De son côté M. Burdin résolut de modifier
quelque peu les conditions du prix qu'il avait
proposé, afin de les rendre à la fois plus précises et plus faciles à remplir.

« J'avais concédé, dit-il, que les objets présentés
aux somnambules seraient éclairés, j'avais concédé
aussi que l'exercice du toucher pourrait avoir lieu
dans certaines limites; seulement, j'avais tenu à
quelques restrictions sur les moyens de mettre obstacle à la vision, telle que nous l'entendons dans
notre SIMPLE ET POSITIVE physiologie. Mais aujourd'hui que de nouvelles récriminations s'élèvent,
alors qu'on crie par-dessus les toits, comme une
vérité de la force de celle qui sortait de la bouche
de Galilée mis au cachot; aujourd'hui qu'on crie à
nos académies dites inquisitoriales, non pas qu'on
a senti la terre tourner, mais *qu'on a pu lire à travers un bandeau*, j'élargis de nouveau mon pro-
gramme et je dis : *Amenez-moi une personne, magnétisée ou non magnétisée, endormie ou éveillée,
que cette personne lise les yeux ouverts et au grand
jour, à travers un corps opaque, tel qu'un tissu
de coton, de fil ou de soie, placé à six pouces de
la figure, qu'elle lise même à travers une simple
feuille de papier, et cette personne aura les trois
mille francs.* »

Malgré cette concession, mademoiselle Pigeaire ne reparut pas, mais un nouveau champion entra dans l'arène.

Le docteur Hublier de Provins avait été fa-
natisé par une jeune fille qui prétendait s'endormir toute seule, non pas par auto-suggestion, merveille qui paraît réservée à notre âge

incrédule, mais à l'aide d'un anneau enchanté qui lui avait été autrefois confié par un magnétiseur. La charmante enfant avait besoin d'être seule pendant que l'anneau opérait. Mais au moment de perdre connaissance, elle avait la présence d'esprit de sonner, et quand on accourait, on la trouvait plongée dans ce sommeil mystérieux, dont les anciens somnambules racontaient en termes délirants les merveilles.

Le docteur Burdin avait vu trop de somnambules pour se laisser prendre. Que fait-il? A bon chat bon rat. Il laisse la somnambule faire tout son petit manège; mais en homme habile et méfiant, comme on doit toujours l'être en semblable matière, il colle son œil au trou de la serrure.

Que voit-il? La jeune fille s'est approchée à pas de chatte de la chaise où était déposé le livre qu'elle devait lire: elle en prend connaissance, puis revenu sur son fauteuil, reprend son attitude penchée et sonne.

Le docteur prend le livre, qui s'ouvre naturellement à la page secrètement lue. La somnambule est très lucide, et récite sans hésiter tout ce qu'elle vient d'apprendre par cœur. En effet, la charmante enfant jouit d'une mémoire excellente.

Le docteur Burdin prend très bien la chose ; il simule un grand enthousiasme. Il déclare qu'il va procéder à une seconde expérience qui sera décisive. Si la jeune lucide lit une seconde fois, d'une façon satisfaisante, elle aura les trois mille francs et la gloire... Le verdict de l'Académie de médecine sera annulé et le magnétisme animal deviendra un article de foi dans toutes les Facultés de France.

Mais le docteur Burdin, en attendant le jour fixé, fait pratiquer à la vrille quelques trous habilement ménagés dans le mur. Derrière un de ces trous, qu'il nomme le trou d'honneur, il place le docteur Hublier de Provins. Même manège, avec cette différence cependant que, vu la gravité de la circonstance, Mlle Émilie avait pris des notes avec un crayon dont elle s'était pourvue, et qu'elle avait caché dans sa poche.

Nous renonçons à dépeindre quelles furent les sensations du docteur Hublier de Provins pendant la durée de ce spectacle. Comme il avait promis de ne se livrer à aucun éclat, il se contint et assista à toute la scène.

Mais dès le lendemain, il écrivit au docteur Burdin la lettre suivante, que les enthousiastes de l'hypnôse feraient tout à fait bien de relire.

« Je suis atterré, meurtri, confondu de tout ce
que vous m'avez fait voir ce matin. Quatre ans
d'astuce! Quelle persévérance audacieuse! Oh!
c'est une maîtresse femme que mademoiselle Émilie; mais vous, qui êtes aussi un maître homme,
en quatre jours vous l'avez démasquée; je vous en
remercie, et vous en félicite. Je ne veux pas vous
demander le silence, ni de me ménager; bien au
contraire, frappez sur moi, puisque, comme vous
avez dit, « *avant son triomphe, la vérité veut des
martyrs ou des victimes*».

Il était impossible que le magnétisme res-
tât sous le coup de pareilles mystifications.
Ce fut M. Teste qui se chargea de sauver la
confrérie par un coup d'audace. Il proposa de
faire lire un billet renfermé dans un coffret à
travers les parois, fussent-ils en carton ou en
bois. Il devait faire exécuter le grand miracle
par un ou même par deux somnambules. La
seule chose qu'il demandait, on ne sait trop
pourquoi, c'était qu'on déclarât à son sujet dans
quel sens les lettres étaient dirigées.

Ce nouveau magnétiseur s'était muni d'une
série de boîtes de carton et de bois. On finit,
après quelques pourparlers, par tomber d'accord. On adopta une boîte longue de 165 milli-
mètres, et large de 50. On plaça dans le fond
une feuille imprimée en caractère cicéro, puis

l'on scella la boîte avec des bandes de papier gommé. Après tous ces préparatifs, on introduisit la somnambule qui était une jeune femme brune d'une figure et d'une tournure agréables.

La somnambule ayant été magnétisée par le docteur, on lui remit entre les mains la boîte, qu'elle remua et retourna sans relâche, pendant une heure, se consumant en efforts qui semblaient très fatigants. Elle déclara qu'il y avait deux lignes imprimées, et qu'elle avait lu les deux mots *nous sommes*. En ouvrant la boîte, on trouva qu'il y avait les six vers suivants :

« Encore un mot, Romain, tout est mûr pour la gloire,
Ma dernière parole, est un cri de victoire ;
Nos succès fussent-ils différents ou douteux,
S'arrêter est fatal, reculer est honteux,
Choisissez : Rome libre ou la patrie esclave.
La mort, effroi du lâche, est la palme du brave. »

Par hasard, il n'y avait dans ces six vers ni le mot *nous*, ni le mot *sommes*. Sans cela, il n'aurait pas manqué de prétendus mathématiciens qui auraient invoqué le calcul des probabilités, et auraient dit que la somnambule du docteur Teste avait eu un commencement de clairvoyance. En effet, auraient-ils déclaré, avec

un front d'airain, il y a dans la langue française plus de cent mille mots, on peut en prendre quarante-huit d'un nombre de manières
qui dépasse toute évaluation, cependant la somnambule de M. Teste en *découvre deux*. Il y a
au moins mille chances à parier contre une
qu'elle a vu quelque chose. Si elle a vu quelque chose une autre femme plus lucide pourra
tout voir. Il n'y a que le premier pas qui
coûte en pareille matière.

M. Teste avait joué avec sa somnambule
comme on tire à la loterie. Il n'avait pas amené
un simple *extrait* ; mais un autre pouvait être
plus heureux, et attraper une autre fois un
quine, en s'aidant de quelque indiscrétion, de
quelque imprudence.

L'Académie de médecine comprit qu'elle ne
pouvait laisser la question pendante, et elle
décida, le 1er octobre 1840, qu'elle ne s'occupe-
rait plus jamais de magnétisme.

On ajouta, non sans quelque solennité, que
la question devait être à jamais écartée comme
celles du mouvement perpétuel, de la quadrature
du cercle, et de la pierre philosophale, exclues
si justement des séances de l'Académie des
sciences. On prit pour modèle la délibéra-

tion mémorable qui a débarassé l'illustre
compagnie de tant de questions oiseuses, sinon
dangereuses, et contre laquelle on n'a protesté
qu'à Sainte-Anne ou à Bicêtre.

IX

DÉFENSE DE LA DÉCISION DE 1840

IX

DÉFENSE DE LA DÉCISION DE 1840

Le *Temps* raconte une lamentable histoire
arrivée dans une campagne du Morbihan. Une
meunière du pays avait deux filles et deux fils.
L'aînée des filles, nommée Esther, était fort
jolie et aimait à le faire voir. Le recteur ayant
dit qu'elle était possédée du démon de l'orgueil, les deux frères résolurent de lui pratiquer des trous à la tête, dans le ventre et aux
jambes, afin que le diable qu'elle avait dans le
corps pût en sortir.

Pendant que ces monstres perforaient ainsi
la malheureuse avec un vilbrequin, la mère
et la sœur, agenouillées près de la victime,

priaient avec ardeur pour le succès de l'opération.

La malheureuse ayant succombé, toute la
famille est actuellement sous les verrous.

Le *Temps*, en rapportant cette scène digne
du moyen-âge, la fait suivre de réflexions fort
judicieuses sur la nécessité de répandre l'instruction primaire.

Mais notre confrère est-il certain que l'ex-
tension de l'instruction primaire suffise, dans
un temps où les médecins enseignent publi-
quement que les folies du moyen-âge avaient un
fondement réel, que les possédées n'étaient
que des hystériques, que par l'hypnotisme un
magnétiseur peut arriver à *posséder* l'esprit de
la somnambule, que l'on peut mettre aux malades des vésicatoires subjectifs, des lave-
ments par persuasion, des cataplasmes imaginaires?

Toutes ces sornettes, débitées avec sérieux,
avec sang-froid, dans des chaires du haut enseignement, produisent un effet déplorable.
C'est en partie à leur influence qu'il faut attribuer cette recrudescence de superstitions de
bas étage. Nous avons des croyances dignes
des Cafres et des Hottentots, nous finissons
par en avoir les mœurs. Tout cela est digne de

l'époque où les jeûneurs peuvent élever leur
boutique en plein boulevard, sans qu'on les
mette en fuite à grands coups de pommes cui-
tes... Eulalie Mercier et ses dupes avaient été
à l'école primaire. Ce qui prouve que si l'école
a du bon, il faut encore quelque chose de
plus.

Comment, du reste, le passage sur les bancs
de l'école primaire suffirait-il, puisque les diplômes de docteur, et même la nomination
de membre des académies des sciences, ne
sont pas une garantie contre les attaques des
superstitions les plus flagrantes ?

Quoique le verdict de l'Académie de médecine ait été attaqué avec une violence furi-
bonde, il n'en existe pas moins aujourd'hui.
Il est en ce moment l'expression officielle de
l'opinion des autorités constituées en matière
médicale. Comment se fait-il que le ministre
de l'instruction publique agisse comme s'il
ignorait son existence ? que le conseil de l'Assistance publique le considère comme nul et
non avenu ?

Le moins que l'on puisse exiger des adeptes
du magnétisme, c'est qu'ils aient le courage
d'attaquer franchement, hautement, le verdict
qui leur interdit de se présenter devant l'Aca-

démie de médecine. C'est qu'ils ne se contentent pas de frapper à la porte, sous un déguisement comique, à des académies voisines.

Il est vrai, la tâche ne sera pas facile. Non-
seulement la bannière sous laquelle tant d'escamoteurs ont été convaincus de supercherie
est singulièrement compromettante, mais l'Académie de médecine a porté le débat beaucoup
plus haut qu'une simple question de fait, que
l'appréciation des tours des docteurs Pigeaire
et Teste. En effet, les tristes exploits de ces magnétiseurs n'ont été que simplement l'occasion
d'une décision véritablement doctrinale.

Elle diffère radicalement de toutes les déci-
sions de l'ancienne Faculté de médecine, et de
l'ancienne Sorbonne, dont on invoque les erreurs, pour dénier à la science moderne le
droit d'avoir une base inébranlable.

Si les Sorbonnistes ont erré en déclarant que
la terre est immobile, c'est précisément parce
qu'ils sont sortis de la méthode scientifique
pour · *adopter la méthode des miracles.* En
effet, ils ont dit que la terre ne POUVAIT pas
tourner parce que cela était contraire aux enseignements de l'Écriture.

Or, qu'est-ce qui leur prouvait que l'Écriture
doit être crue ? *c'étaient* purement et simple-

ment les miracles invoqués par l'Église, reposant sur la tradition et la preuve testimoniale, et non sur l'expérience.

Or, quoique les endormeurs se déclarent opposés aux miracles, et qu'ils prétendent même les expliquer d'une façon naturelle, eux aussi, sont des *marchands de miracles*. Quoiqu'ils s'en défendent, ils ne sont point en réalité autre chose.

Qu'est-ce, en effet, qu'un marchand de miracles? N'est-ce pas un homme qui croit qu'on peut suspendre les lois ordinaires de la nature?

Mais voir sans nous servir des yeux que la nature nous a donnés pour voir, n'est-ce pas nier, suspendre, détruire les lois naturelles? Donner à un individu la faculté de se laisser amputer une jambe, sans douleur, sans des médicaments ayant la vertu spécifique de procurer l'engourdissement n'est-ce-pas se soustraire aux lois naturelles de la sensibilité, par un procédé mystique, c'est-à-dire en faisant des miracles?

La seule différence entre l'Église et les matérialistes hypnotiseurs, c'est que l'Église se vante de faire des miracles, tandis que les autres se défendent d'en faire. Les catholiques ont une franchise que les autres n'ont pas, voici ce qui fait leur supériorité évidente.

Au fond, l'Académie de médecine les repousse également les uns et les autres en se prononçant dogmatiquement contre le magnétisme, en mettant les miracles du somnambulisme sur le rang du mouvement perpétuel.

Les erreurs commises avec une méthode logique ne peuvent être reprochées ni à la méthode, ni à ceux qui la recommandent, mais uniquement à ceux qui la mettent en œuvre d'une façon peu adroite. La seule chose qu'on puisse leur recommander c'est d'être plus attentif pour l'avenir.

L'expérience est comme la lance d'Achille, qui guérit les plaies qu'elle fait, et l'on ne cite pas de fautes commises qu'elle n'ait réparées de sorte qu'en l'écoutant il nous est permis de porter des jugements toujours valables.

On peut même dire que les erreurs de la science, dont on fait tant de bruit en ce moment, pour décider les savants à ne pas considérer les magnétiseurs comme indignes d'occuper leur attention, ne sont pas sans pouvoir être soutenues. En tous cas, elles ont été beaucoup moins préjudiciables au progrès que ne le serait un état d'anarchie dans lequel chacun pourrait, sans contrôle aucun, croire et enseigner tout ce qui lui passerait par la tête, où il n'y aurait ni programmes officiels, ni sociétés savantes, ni rien qui représentât les efforts du passé, l'évolution de l'esprit, rien qui guidât les recherches, ni rien qui pût servir de pierre de touche.

Quand on a signalé, pour la première fois, des coquilles sur le haut des Alpes, on a imaginé que ces coquilles avaient été abandonnées par des pèlerins allant aux Croisades. C'était une idée ridicule à laquelle on ne s'était arrêté que parce que l'on supposait qu'il était impossible que la mer fût montée aussi haut. Cette explication est singulièrement puérile, elle montre qu'il ne faut jamais accepter sans bénéfice d'inventaire, les idées des théoriciens, même de ceux qui occupent le haut du pavé scientifique. Cependant, il est bon d'ajouter que ceux qui opposaient cette objection aux géologues avaient parfaitement raison, et que la science la plus moderne a confirmé leur sagacité de la façon la plus complète tout en condamnant comme ridicule, leur hypothèse.

En effet, on a reconnu que ce n'était point la mer qui avait grimpé au sommet du Mont-

Blanc, mais c'étaient les roches qui formaient autrefois le fond des océans qui étaient sorties des gouffres pour s'étaler en plein ciel. On voit donc que, pour se rendre compte de ce qui s'était passé, il ne suffisait pas de se moquer de l'opinion émise autrefois, et qui n'était à proprement parler qu'une satire.

Il était de plus indispensable d'avoir une idée exacte de la puissance des grandes convulsions volcaniques, et de l'espèce de méthode avec laquelle elles se succèdent.

Nous ne nous exprimerons point autrement à propos de l'erreur des savants, comme Lavoisier, qui niaient que les météorites qu'ils étudiaient fussent tombés du ciel, et les croyaient formés par la foudre, dans son passage au travers des airs. C'était une erreur de tout autre genre que celle du prédécesseur de nos grands docteurs hypnotisants, qui faisait brûler les sorcières, comme coupables de s'être rendues au sabbat à cheval sur un bâton !

M. Charles Dupin disait que la locomotive glisserait sur les rails, et il *avait raison*, aussi longtemps que l'on n'avait pas imaginé de faire les locomotives assez lourdes pour leur donner l'adhérence nécessaire à leur progression. Quelque simple que fût cette idée, M. Dupin ne l'a pas eue. Il est bien fâcheux pour sa gloire qu'il n'ait vu que la difficulté, et qu'il n'ait pas aperçu la solution, car, s'il avait deviné ce qu'il y avait à faire, ce ne serait pas Georges Stephenson, mais M. Charles Dupin qui aurait inventé la locomotive.

M. Pouillet avait déclaré que le télégraphe électrique ne marcherait pas, parce que l'électricité s'échapperait en route, M. Babinet avait annoncé qu'on ne parviendrait pas à jeter un câble allant de Valentia à Terre-Neuve. Mais ces deux académiciens avaient-ils donc si tort d'attirer l'attention des inventeurs, par leurs dénégations, sur des difficultés pratiques très réelles, dont ils ne faisaient après tout que d'exagérer l'importance ? Il n'y a qu'à lire la pose du premier câble pour se rendre compte de la difficulté de l'opération qui eût échoué, malgré l'admirable persévérance de Cyrus Field, si le *Great Eastern* ne s'était rencontré pour la recommencer dans des conditions excessivement favorables !

Aujourd'hui, je ne crains pas de nier, d'une façon complète, la possibilité de se diriger ou même de se soutenir dans l'air sans le secours d'un aérostat. Je refuse carrément à MM. Lalandelle et Nadar ce qu'ils nomment le

droit au vol, parce qu'on ne sait construire que
des moteurs beaucoup trop lourds. Il en faudrait
qui, avec leurs approvisionnements, pèseraient
un kilog. par force de cheval, et ceux que l'on
construit en pèsent plus de cinquante ; mais
cette déclaration d'impossible, sans que j'aie
besoin d'en faire mention, n'a rien d'absolu ;
elle ne s'applique qu'à l'État actuel de nos
connaissances mécaniques.

M. Bouillaud a peut-être eu quelque tort de
pousser bien loin l'incrédulité, lorsqu'il voulait
mettre la main sur la bouche de M. du Moncel,
afin de s'assurer que celui-ci n'était pas un ven-
triloque qui faisait marcher le phonographe.
Mais ceux qui se sont moqués de son scepticisme
ont eu le grand tort d'oublier qu'il n'était devenu si méfiant qu'après avoir eu à triompher
de tous les trucs des grands-pères de l'hypnotisme, et qu'il avait raison de prendre des
précautions pour ne pas être victime d'une
mystification, même de la part d'un confrère.
Il donnait un très bon exemple, en montrant
qu'il ne faut se fier à personne, et ne croire
que quand on a vu soi-même, et compris ce
qu'on voit. Si M. Bouillaud avait été remplacé
par des membres aussi sages de la section de
médecine et de chirurgie, l'hypnotisme n'é-

chaufferait pas tant de cervelles à cette heure.

Aucune de ces objections n'est basée sur des impossibilités *dirimantes,* ce qu'on nomme des impossibilités physiques, comme lorsqu'on vient dire qu'un homme a trouvé le moyen de vivre sans manger.

Si c'est d'un petit nombre de jours qu'il s'agit, je serai de bonne composition, et tout en trouvant l'expérience niaise, peu digne d'occuper le public, je me contenterai de hausser les épaules. Plus la période sera longue, plus je serai disposé à éplucher les déclarations du comité de surveillance. Précisément parce qu'il n'y a pas de limite bien précise, ma complaisance décroîtra, au moins en raison directe du carré du nombre de jours annoncés comme ayant été vécus sans nourriture. Si l'on vient me raconter, comme à quelques membres de l'Académie de Bruxelles, ou comme on le voit dans les histoires des stygmatisés, que le sujet a trouvé moyen de ne plus manger du tout, alors je m'insurgerai tout de bon contre la déclaration, fût-elle signée par toutes les académies de médecine des deux mondes. La condamnation du magnétisme animal ne veut pas dire que l'Académie de médecine a déclaré que nous connaissons toutes les forces de la nature, que Shakespeare a eu tort de prononcer cette magnifique parole : « Il y a plus de choses sous le ciel et sur la terre qu'on ne le croit, Horatio, dans votre philosophie. » Elle n'a pas donné tort au grand Arago, quand il s'écrie que l'Encyclopédie de l'ignorance est immense, que celle de la science est restreinte. Elle n'a pas eu la prétention de borner les horizons, en donnant une base en quelque sorte scientifique à la science elle-même. En effet, elle a déclaré qu'il n'y a, ni dans la nature, ni dans l'esprit, de force supérieure à l'esprit et à la nature, s'exerçant sans règles fixes, sans bases précises, dominant, niant, bouleversant toutes les autres, et agissant d'une façon en réalité miraculeuse. Tout en affichant la prétention de nier les miracles et de les expliquer à leur manière, les magnétiseurs, les hypnotiseurs, ne cesseraient jamais d'en faire, si tout ce qu'ils annoncent n'était illusion, prestige.

Mais, comme le dit un proverbe, qui est emprunté, je crois, à l'Évangile, et qui n'en est pas moins la raison écrite : *L'arbre se juge par ses fruits.*

Or, toutes les sciences qui ont porté des fruits ont agi comme la médecine en 1840, et ont cherché une base indiscutable, indis-

cutée, un terrain solide sur lequel on puisse
établir un édifice durable.

L'Académie de médecine n'a fait que proclamer un *postulatum* analogue à celui d'Eu-
clide, duquel on a tiré, de proche en proche, la
géométrie actuelle.

Ne voit-on pas par les efforts tumultueux,
désordonnés, de ceux qui refusent d'admettre
cette base fondamentale, ce qui arriverait à
la médecine, si elle se mettait à discuter sérieusement avec des gens qui sont aussi peu
sérieux que les magnétiseurs, et qui ne demandent sans doute à être examinés de la sorte,
que parce qu'ils savent que c'est pour eux le
moyen de n'être point saisis, et d'échapper à
travers les mailles de l'enchainement des causes?

Que gagnent les anarchistes à rejeter le joug
d'une constitution quelconque? Croit-on qu'ils
arrivent jamais à fonder un parti politique susceptible d'une action concertée ?

Qui douterait qu'il n'en soit autrement des
illuminés, commençant par nier la spécialité
des organes, la rationalité de la machine humaine, malgré tous les efforts des docteurs
hypnotiques, nous accablant en ce moment
de publications qui n'ont que la prétention
d'être somnambuliques, et qui sont, par-dessus

le marché, pour la plupart funambuliques.
En effet, malgré tous leurs efforts le manque
de principes certains, de point de départ éclate
à chaque instant sous leur plume. Si parfois
ils arrivent à des conclusions nettes, ce
n'est point grâce à l'hypnôse, c'est parce qu'ils
attribuent au magnétisme, au somnambulisme, les effets que l'on doit attribuer à l'esprit d'imitation, à l'enthousiasme, au désir de
briller, à la dissimulation, à l'habitude, à
l'exercice, à l'entraînement, à une multitude
de forces naturelles qui sont en jeu dans
les actions humaines ordinaires.

La condamnation absolue, radicale, du magnétisme n'est pas un acte arbitraire, commis
en 1840 par l'Académie de médecine. C'est une
déclaration de principes aussi respectable que
le fut celle des droits de l'homme. C'est
l'expression d'une nécessité morale, que doivent subir tous ceux qui s'occupent de médecine, comme tous ceux qui s'occupent d'une
science ou d'un art quelconque, et contre laquelle on ne peut s'insurger sans protester
contre l'existence même de toute science, sans
la frapper au cœur, sans la détruire, comme
détruisent en principe toute république ceux
qui ne reconnaissent pas le droit absolu de la

majorité, cette base fondamentale de la politique moderne, et qui croient possible de fonder un état politique quelconque, n'ayant d'autre principe constitutif que la violence.

Le dernier congrès réuni à Versailles a proclamé qu'il était nécessaire de mettre la République hors de discussion. Que ceux qui trouvent que les anarchistes avaient raison de lutter contre cette sage décision, protestent contre la tyrannie de Noël et Chapsal, qu'ils jettent la première pierre à l'Académie de médecine, qu'ils appuient énergiquement un grand toxicologiste dans sa prochaine tentative d'empoisonner les débats de la savante compagnie par la discussion du magnétisme.

Ceux qui approuvent le compagnon Tortelier de M. Pol Pacy sont bien plus raisonnables que les magnétiseurs. En effet, ils ne s'insurgeraient après tout que contre des conventions. Quoique les grammairiens et les politiciens aient essayé de tenir compte de nos goûts, de nos traditions, de nos besoins, de nos sentiments esthétiques, tout est artificiel dans la constitution de la grammaire et de la République, mais ceux qui prétendent qu'on peut lire avec le ventre s'insurgent contre la nature. En injuriant l'Académie de médecine c'est le bon sens du Créateur qu'ils outragent.

De quoi voudrait-on que s'occupât dorénavant l'Académie de médecine, si elle cesse d'être persuadée que c'est en étudiant ce qui a rapport à l'œil qu'on arrivera à détruire les troubles de la vision, que l'on peut guérir les maladies de l'oreille, non pas en agissant sur elle d'une façon conforme à la nature organique, mais en disant simplement d'entendre. Quel sera le docteur assez niais pour étudier les propriétés physiques des médicaments, s'il n'est plus besoin de les absorber pour qu'ils agissent, s'il est persuadé que leur effet se produit par des effluves magiques ?

Malgré eux, les adeptes de l'hypnôse se conforment aux règles logiques, fatales, auxquelles l'Académie de médecine a eu le bon sens d'obéir, lorsqu'elle leur a fermé brutalement au nez les portes de son Forum. En effet, tout dans leur argumentation empêche les libres-penseurs qui croient à la science et à la méthode scientifique de les prendre au sérieux. Ils sont aussi complétement en dehors du raisonnement philosophique, que les cardinaux du sacré collège qui, pour répondre, font appel aux miracles.

Qu'ils fassent appel à la foi, c'est le seul

moyen de propagande qui leur reste, tout autre leur est interdit.

Niant la science, puis qu'ils en condamnent la méthode et qu'ils lui retirent ses bases, ils ne sauraient avoir prise sur notre raison. Rien de commun entre eux et nous. Quoiqu'ils s'expriment la plupart en français, à la rigueur intelligible, quoique peu agréable, et même quelquefois très approximatif, nous ne parlons certainement pas la même langue. Nous renonçons à les convaincre; eux ne nous peuvent toucher que par un véritable miracle du genre de ceux qu'ils énoncent.

Puisqu'ils prétendent avoir la puissance d'agir par suggestion pourquoi nous ménagent-ils donc? Pourquoi n'emploient-ils pas contre nous ces armes si redoutables? Qu'attendent-ils donc pour nous endormir?

C'est ce que je disais il y a dix-huit mois aux membres de la sainte confrérie qui hurlaient autour de ma chaire dans l'espoir de me faire taire!

« Quoi! leur disais-je, vous êtes ici devant moi, la fleur des somnambules de tout Paris... Et vous êtes réduits à couvrir ma voix de clameurs, et vous ne pouvez tous ensemble m'obliger à m'endormir... Songez donc quel triomphe vous négligez.... Quant à moi, ajoutai-je, après avoir profité d'un court moment d'accalmie, plus puissant à moi tout seul que vous tous, je vous endormirai tous à la fois, si je suis assez ennuyeux pour y parvenir. »

Aussi longtemps qu'un enchanteur ne nous aura pas ravi notre raison, nous nous en servirons pour défendre les droits du bon sens, contre des auteurs qui nous donnent tous des signes d'aliénation mentale, qui ont plus besoin de douches que d'arguments, et que l'on ferait bien de renfermer dans les mêmes cabanons que leur malades.

Ce qui nous inquiète, ce n'est pas de les ramener à des idées plus saines, c'est de limiter le ravage que font leurs idées au dehors, dans le monde profane, qui juge trop souvent de la valeur des assertions par la position de celui qui les lance, et qui ne sait pas, hélas! combien est vrai, en *matière scientifique*, ce proverbe : l'habit ne fait pas le moine. Hélas! hélas! dans certains cas, on ne peut même point dire qu'il le pare !

X

L'ART DES SOMNAMBULES

X

L'ART DES SOMNAMBULES

Si on analyse les merveilles qui excitent si facilement l'admiration du public dans tous les lieux où les somnambules se montrent, l'on arrive facilement à l'idée que leur art est beaucoup plus simple qu'on ne le suppose, qu'un vain peuple ne le pense. Combien les actrices sont jalouses de la facilité extraordinaire avec laquelle les plus fins connaisseurs déclarent que la figure et l'attitude des plus médiocres de ces filles expriment les sentiments enjoints par l'endormeur ! Si on avait la même indulgence pour les interprètes de nos grands auteurs, on n'aurait pas besoin de faire voter les abonnés pour la réception des troupes de province. Les sifflets seraient inconnus, et la

carrière si épineuse de la scène ne serait
semée que de fleurs.

L'intervention du surnaturel donne un
étrange prestige, auprès des esprits faibles,
c'est-à-dire de la masse, à ceux qui l'invoquent
avec une audace suffisante.

Un des hauts faits les plus communs des endormeurs est de transformer l'odeur d'un fla-
con d'ammoniaque en un parfum semblable à
celui de l'eau de Cologne, ou de l'eau de rose,
mais si on assiste à une représentation de ce
genre rien n'est plus aisé que de comprendre
en quoi consiste le tour. En effet, quand l'ammoniaque est réellement piquante l'opérateur
la fait passer comme un songe, sous les na-
rines de sa complice qui, de son côté, étant
prévenue, retient sa respiration pendant que
le liquide infecte est à la portée de ses voies
respiratoires.

Des trucs analogues permettent de transformer à volonté la nature des liquides que
l'on fait boire à la somnambule. Bien entendu, ce
n'est jamais un liquide réellement imbu-
vable qu'on lui fait absorber. Le charlatan
n'essaie pas de transformer une dissolution
bien concentrée de coloquinte en un verre
d'eau sucrée. Le triomphe du chevalier servant

du magnétisme est quand il donne à un simple
verre d'eau un goût quelconque. La liqueur
merveilleuse dont l'illustre Merlatti a fait un si
merveilleux usage pendant son jeûne, est la
plus magnifique ressource des magnétiseurs.
En effet, elle s'absorbe aisément en quantité
illimitée quelconque. Il suffit donc de s'être
entendu d'avance avec la somnambule pour la
voir savourer du vin de Champagne, du bor-
deaux, du bourgogne, de la bière, ou avaler,
avec force grimaces, de l'huile de ricin, ou
même de la médecine noire. Elle ira jusqu'à
tituber, ou même se rouler à terre, on lui don-
nera des coliques. Certaines filles, qui ont pris
leurs mesures en conséquence, peuvent même
avoir « une petite selle » à la disposition des
amateurs. On peut aussi avoir des somnambules, évidemment bien précieuses, qui sachent
se faire vomir à volonté, car il paraît que les
anciens Romains possédaient cette faculté d'une
façon véritablement remarquable.

Non-seulement le goût est soumis à toutes
ces perturbations, mais lorsque l'on dit à la
somnambule qu'elle se trouve sur une montagne, elle fait tous ses efforts pour la gravir.
On la voit marcher avec précaution, comme
si elle redoutait de se laisser précipiter dans

l'abîme. Si on l'envoie dans une barque, elle se met à ramer avec fureur; si on la fait tomber dans l'eau, elle crie au secours parce qu'elle se noie, on lui voit faire les plus grands efforts pour nager contre le courant supposé qui l'entraîne à un danger imaginaire. Si on l'abandonne au milieu d'une solitude neigeuse, on la verra trembler de froid. Si c'est dans le Sahara qu'on la lance, elle cherchera à se défendre contre le sable brûlant.

L'imagination peut multiplier indéfiniment les exercices qui deviendraient facilement monotones, si les séances duraient trop longtemps, et si elles n'étaient égayées par les interruptions des compères ou des dupes.

Malgré la niaiserie de ceux-ci, et l'effronterie de ceux-là, les sceptiques auraient beau jeu si les représentations se bornaient à ces bagatelles. En effet, il faut être absolument perdu de la raison pour dire « que la simulation ne peut avoir aucune prise dans des démonstrations aussi faciles à produire ». On a donc été conduit à les compliquer légèrement; et l'on est arrivé à donner les ordres à distance. Mais cette nouvelle difficulté est très facile à résoudre, du moment que l'endormeur n'est pas seulement une dupe de la somnambule,

et quand de plus il en est le compère. En
effet, deux moyens également faciles à employer, et tous deux indiqués dans les *Confessions* de Robert Houdin, se présentent pour
résoudre ce problème.

En premier lieu, il suffit que l'ordre des représentations soit indiqué à l'avance. Si l'on
veut le faire désigner par les spectateurs eux-
mêmes, ce qui produit un degré de surprise
encore plus grand, il faut que le magnétiseur
ait un moyen de s'entendre avec sa somnambule. Rien n'est plus simple à l'aide d'un
alphabet conventionnel, de l'intonation de la
voix, ou de quelque signe fait, soit par
le magnétiseur, soit par quelque compère
placé dans la salle. Mille procédés différents connus, classés, catalogués, éprouvés,
sont susceptibles de servir. Tous les trucs de
clairvoyance peuvent être combinés avec l'art
de faire des grimaces pour la plus grande
gloire de la sainte Hypnôse.

Il est vrai, l'on trouve dans certaines légendes
religieuses des circonstances plus ou moins
surprenantes, ébouriffantes que l'on peut expliquer de la même manière, mais est-ce une
raison pour admettre à la fois les unes et les
autres ? Doit-on, pour ne pas accuser de simu-

lation les charlatans au milieu desquels nous vivons, accepter aveuglément, étourdiment tout ce qui nous a été transmis par une tradition, qui n'a de respectable que les légendes poétiques dont elle a été environnée, et, il faut le dire bien haut, le souvenir de services réels rendus à l'humanité?

Si quelques personnes hésitent en effet, à parler de ces antiques histoires qui émaillent les livres saints des chrétiens et des juifs, et à les examiner comme Evehmère l'a fait des métamorphoses d'Ovide, et de toute la tradition païenne, si l'on n'écrit pas l'histoire de la mythologie catholique à côté de celle de la mythologie des païens, c'est par crainte d'ébranler les bases de la morale admirable et des vérités sublimes que proclame la théologie. Ce n'est pas que tous les faits extraordinaires racontés dans l'Ancien et dans le Nouveau Testament ne révoltent pas la raison, c'est uniquement parce que leur discussion cause des appréhensions politiques et sociales.

Mais il n'existe aucune raison quelconque de faire preuve d'une indulgence pareille, à propos des histoires a dormir debout qu'on débite de nos jours. La véracité des héroïnes de l'hypnôse n'est attachée au salut d'aucune vérité sociale. Aucun homme d'État n'a encore osé dire du magnétisme ce qu'on a dit de Dieu, « qu'il faudrait l'inventer s'il n'existait pas ».

Privés de l'auréole du mystère et du martyre, les miracles contemporains sont réellement analogues, non pas à ceux de l'Église militante, mais à ceux que fabriquaient les moines au moyen-âge, et lors des missions de la Restauration, à toutes les époques où l'on chantait comme l'a si bien fait Béranger :

> « Eteignons les lumières,
> Et rallumons le feu. »

Les chefs des ecclésiastiques de notre temps ont très bien compris que la science ne peut se contenter des explications bizarres balbutiées par les partisans du magnétisme. Ils n'ont pas été assez simples pour croire que ces théories artificielles puissent porter le moins du monde préjudice à la foi qu'ils imposent.

Aucun n'a redouté que le rationalisme ne vînt à bout de leurs dogmes en employant cette méthode, contraire à l'exercice de la raison elle-même. Mais ils ont vu que le danger était ailleurs, et qu'ils ne pouvaient nier les miracles des endormeurs sans nuire à l'authenticité des

leurs. Ils ont cru beaucoup plus sage, beaucoup plus conforme à leur prudence tradition-
nelle, de ne pas chagriner les docteurs de l'hypnôse. On peut dire que les cardinaux se sont
montrés bons princes vis-à-vis des magnétiseurs masqués de nos jours.

Ils ont admis leurs miracles de la même
manière que ceux-ci admettent généralement
les leurs. Passe-moi le magnétisme et je te
passerai l'Esprit-Saint.

Ils ne se sont séparés d'eux que sur l'origine
de ces nouveaux miracles. Ceux de Notre-
Dame de Lourdes et de la Salette sont le résultat de l'action du Saint-Esprit. Mais ceux de
Notre-Dame de la salle des Capucines, de la
divine Lucile sont l'œuvre du démon. S'il faut
en croire la *Civiltà Cattolica*, nous assistons
en ce moment à une lutte semblable à celle que
raconte la Bible, des magiciens qui ont lutté
devant Pharaon avec Moïse.

Si l'on consentait à faire de Satan une personne civile, un symbole de la dissimulation,
de l'orgueil, de l'envie de se singulariser à tout
prix, fût-ce même comme Erostrate en brûlant
un temple d'Éphèse, nous ne serions pas éloignés de dire, comme les bons Pères du Vatican,
que le diable est pour quelque chose dans l'af-

faire. On pourrait alors applaudir à Léon XIII
d'aussi bonne foi que Voltaire applaudissait à
Benoît XIV, quand ce sage pontife lui donnait
des marques de tolérance.

Certes le Psalmiste est beaucoup plus d'accord
avec la raison et la philosophie, quand au lieu
d'admettre, comme les rédacteurs de la *Revue
scientifique*, que le docteur Richet peut communiquer sa pensée à ses somnambules, il rappelle que Jéhovah réclame pour lui l'inté-
grité de ce pouvoir surnaturel, et qu'il se fait
appeler le « Dieu scrutant le cœur de l'homme ».
Jéhovah est bien inspiré de la même pensée
quand il dit de lui-même : « Je suis l'Éternel
qui lit dans le cœur de l'homme et éprouve la
force de ses reins, » et quand, dans l'Apoca-
lypse, il répète des paroles analogues à l'apôtre
Jean.

En lisant les textes que la *Civiltà Cattolica*
invoque pour repousser d'autres prestiges dont
nous parlerons plus loin, nous songions malgré nous à quelques souvenirs de notre enfance.

Involontairement, nous nous remettions en
mémoire ce que nous disait il y a bien longtemps, un de nos anciens professeurs, déiste
passionné, élève enthousiaste de J.-J. Rous-

seau, et qui aimait à dire qu'il était un des
marguilliers de l'église du *Vicaire savoyard*.

Notre ancien professeur ne croyait ni au
pouvoir du Pape, ni à la divinité du Christ,
ni aux miracles de l'église, ni à aucun des quasi-
miracles de Mesmer, mais il estimait que la
superstition est un besoin naturel à l'homme,
au moins tant que sa raison n'est point arrivée
à un parfait état d'équilibre. Il se demandait
même, tellement il était persuadé de la puissance de cette nécessité, si la seule chose dont
il fût sage et prudent de se préoccuper n'était
point de *canaliser la bêtise humaine*. C'était
ce genre de services qu'il réclamait de la part
de l'Église, et il croyait qu'en agissant ainsi
elle rendrait à l'humanité le plus grand de tous
les services ; il ne supposait pas que la liberté
intellectuelle fût bonne pour tout le monde,
et il estimait que chez des individus bornés,
mal doués, insuffisamment instruits, elle menait fatalement à l'athéisme, au libertinage. Il
comparait les résultats d'une émancipation
trop brusque, à celle d'esclaves noirs, dont un
Dessaline aurait fait tomber les fers.

XI

LA SORCELLERIE MODERNE

XI

LA SORCELLERIE MODERNE

Dans son livre sur *l'Homme et l'Intelligence*, M. Paul Richet s'étale avec beaucoup de complaisance sur les hauts faits des sorcières, qu'il compare lui-même aux pensionnaires de la Salpêtrière. Ce crédule auteur rappelle qu'une des pratiques des exorcistes, pour faire sortir les diables du corps des hommes où ils s'étaient introduits, consistait à brûler leurs noms dans un cierge béni. Si on avait bien écrit le nom du coopérateur de Satan qui s'était rendu maître du possédé, l'on s'en apercevait d'une façon très simple. En effet, à ce moment, les démoniaques s'agitaient d'une façon terrible, et déclaraient qu'ils souffraient horriblement. Le directeur de la *Revue scientifique* emprunte à je ne sais quel écrivain du temps, le récit de l'exorcisme de Nicole Aubry, démoniaque de Vervins, que l'évêque de Laon venait de soumettre à cette épreuve. A l'instant où le nom de Belzébuth avait été dévoré par les flammes, on avait vu la patiente se tordre comme le font les épileptiques de la Salpêtrière, lorsque leurs accès changent de caractère. Son corps s'était mis en boule, et elle essayait de s'élever convulsivement en l'air. En même temps elle tirait la langue d'un demi-pied de long, et faisait une grimace si atroce que tous les assistants étaient frappés de terreur et d'effroi.

Il ne lui vint pas à l'idée de conclure de cette description, fort bien faite, que l'on peut se tromper considérablement sur les causes de la catalepsie ; cependant il reconnaît que la combustion du nom de Belzébuth ne peut avoir le résultat de déterminer une crise identique à celles que l'on peut contempler aujourd'hui dans les cours de la Faculté de médecine. Certes, il est curieux et instructif de constater l'abrutissement des officiers de Justice, qui procèdent à de pareilles épreuves afin de s'assurer que la femme accusée est bien en réalité coupable de sortilège ; mais le droit de tourner

en ridicule de semblables épreuves, appartient-
il à celui qui recommande l'emploi de l'aiguille d'or plantée dans le bras de Lucile ou
de la célèbre *** ? nous ne parlons que
pour mémoire de la célèbre Pétronille...

Si l'on croyait à Belzébuth et aux sortilèges,
alors on pourrait croire aux prestiges de l'hypnôse. Si quelque chose est plus absurde que de
les croire aveuglément les uns et les autres,
c'est de repousser les uns et d'avaler les autres.
Les rédacteurs de la *Civiltà Cattolica* et du
Cosmos sont trop logiques, trop savants, pour
commettre cette faute, ils avalent tout, sauf
à faire la part de Dieu, et celle du Diable.

Le tableau des hystériques fait par M. Paul
Richet n'est pas de nature à diminuer la répul-
sion que nous avons à ajouter foi à leurs témoignages. Il les caractérise beaucoup plus dure-
ment que nous ne l'avons fait.

« Les hystériques manquent absolument de
franchise. Elles sont toutes plus ou moins
menteuses, moins peut-être pour faire un mensonge que pour en forger d'inutiles, car elles
ont l'amour de la tromperie. Rien ne leur plaît
plus que d'induire en erreur ceux qui les inter-
rogent, de raconter des histoires absolument
fausses, qui n'ont même pas l'excuse de la vrai-

semblance, donner une multitude de détails
sur ce qu'elles ont fait (1), et de le rapporter ce
qu'elles ont fait avec une multitude de détails
faux. Ces gros mensonges sont dits audacieuse-
ment, crûment, et avec un sang-froid qui dé-
concerte. »

Afin de compléter sa description, l'auteur
choisit certains types féminins dans les livres
à la mode, dans les romans d'Octave Feuillet,
de H. France, des deux frères de Goncourt,
d'Albert Delpit et surtout de Gustave Flaubert.
Germinie Lacerteux et Mme Bovary lui paraissent les types des filles internées à la Salpêtrière, et dont les témoignages forment la base
sur laquelle l'école hypnostante appuie ses
foudroyantes révélations!

Le clairvoyant docteur félicite chaudement
Wier, un des très rares défenseurs du bon
sens contre l'universelle sottise, qui raconte
comment, en 1574, il déjoua les ruses d'une petite mendiante hystérique nommée Barbara,
qui se faisait passer pour prodige, et prétendait
vivre sans boire ni manger; mais il ne tarit pas
non plus d'éloges pour les savants docteurs

---

(1) Le texte dit: *énumérer*, mot qui n'a pas de sens et
que l'auteur a employé, évidemment par mégarde, pour
celui que nous lui substituons ou tout autre analogue.

qui recueillent les faits et gestes des modernes
démoniaques, afin d'en tirer des observations
contraires à tout ce que le bon sens indique, et
à tout ce que les maîtres de la sagesse ont en-
seigné.

Au lieu de reconnaître que les pensionnaires
de la Salpêtrière ont trouvé quelque moyen de
déjouer la surveillance dont elles ont été l'objet, de faire comme le docteur de 1574, et de les
observer de plus près, il ne craint pas d'écrire :

« Il *paraît* prouvé que les hystériques peuvent
rester très longtemps sans prendre d'aliments et
sans boire ; en même temps les sécrétions tarissent,
de sorte que dans certaines conditions, encore mal
déterminées, il y a une cessation *presque complète
des phénomènes chimiques de la vie*, phénomènes
qui, chez tous les autres individus, ne peuvent cesser
qu'au moment de la mort. »

Un autre auteur n'est pas moins surprenant
dans ses assertions.

« LA NATURE, *dit-il avec une assurance
étrange de la part d'un physiologiste*, SEMBLE
AVOIR DES MÉNAGEMENTS POUR DES HYSTÉRI-
QUES. »

C'est à se demander si ce n'est pas le docteur
des hystériques qui doit être pris et logé dans

un cabanon... Quoi! un homme, doué de bon sens, arrive à un degré de crédulité telle qu'il peut un seul instant croire que la NATURE ait des indulgences pour quelqu'un ! La saine philosophie refuse impitoyablement la moindre exception pour le Fils de l'homme ; si elle pouvait un seul instant accepter son incarnation, c'est à condition qu'il serait astreint à toutes les misères, à toutes les faiblesses de l'humanité, sans en excepter une seule, et les lumières de l'école admettent que la nature va avoir des faveur pour des femelles sottes, ignorantes, débauchées, épaves infortunées de tous les mauvais lieux de Paris.

« Le phénomène le plus surprenant, dit-on, c'est que, malgré la violence des accès, malgré l'insuffisance et la pénurie de l'alimentation, les *malades* conservent leur embonpoint et la même apparence *de santé*. »

Certes, ce phénomène fait songer au tempérament exceptionnel, que l'on attribuait au jeûneur Merlatti. Mais s'il fallait en trouver quelque explication, ce n'est pas la nature que nous accuserions de prodiguer des faveurs; nos soupçons se porteraient d'un autre côté, et nous en tirerions d'autres conséquences.

Nous devons, malgré nous, attirer l'attention

des amis de la logique et de la vérité sur la singulière opinion que M. le docteur Paul Richet se fait des propriétés de cette nature, *si clémente pour ces hystériques*, suivant l'expression stupéfiante que nous avons signalée.

Voici de quels termes se sert un peu plus loin cet apôtre de la suggestion à outrance, pour définir la manière dont il conçoit que cette nature, si clémente pour les hystériques, traite en général tous les êtres vivants :

« Parfois les poètes, errant le soir sur les bords de la mer, songent à l'harmonie universelle, et rêvent à je ne sais quelle paternelle providence qui veille sur ses enfants. Mais prêtons l'oreille, nous n'entendrons point un hymne de reconnaissance. Ce ne sera pas un cri de joie qui s'élève vers le ciel, c'est un cri de douleur et d'allégresse, c'est le cri des vaincus. Luttes fratricides, combats acharnés, proies dévorées vivantes, carnages, massacres, douleurs, maladies, famines, morts sauvages, voilà ce que l'on verrait, si l'on pouvait, si le regard pouvait pénétrer ce que cachent dans leur sein l'impassible océan, ou la tranquille forêt... Notre globe est un champ de bataille perpétuel... Nous assistons chaque jour au miracle qui émerveillait le pasteur Aristée, de la carcasse du taureau crevé s'élance un essaim d'abeilles... Si l'on pouvait prêter une volonté ou un but à la nature, on dirait qu'elle a peu de souci de la vie ou du bonheur de ses enfants. Pour elle les individus ne sont rien ; il semble que la nature mette une sorte de précipitation à les faire disparaître. Beaucoup d'animaux et la plupart des plantes ne vivent que le temps strictement nécessaire pour la perpétration de l'espèce, c'est-à-dire de la matière vivante. Que de races, en effet, ont disparu, que d'espèces n'ont laissé comme témoignage de leur passage sur la terre que des vestiges fossilisés dans l'intérieur de la terre... »

Une philosophie aussi contraire au sentiment naturel à tout homme bien doué n'est point faite pour engager à oublier ce qu'il y a d'improbabilités réelles dans les démonstrations qui lui servent de base. On peut dire réellement sans aucune espèce d'exagération, que les expressions manquent aux hypnotiseurs pour décrire et définir le degré de puissance qu'ils prétendent acquérir sur leurs sujets, grâce à l'énergie dont leur cerveau est susceptible.

Voici de quels termes se sert M. Lisulli, dans un travail fort étendu écrit dans la *Revue de médecine légale de Reggio*, et M. le docteur Richet n'est pas moins affirmatif dans sa *Revue scientifique*.

« L'individu hypnotisé devient un véritable automate. On peut dire que ce n'est plus qu'un mécanisme vivant, obéissant aux impulsions qu'il reçoit du dehors. Une multitude de phénomènes, sur lesquels il ne possède aucun contrôle, peuvent se développer dans chacun de ses sens, sous l'influence de la volonté de son magnétiseur. »

L'énumération de ces merveilles, qui ne remplit pas moins de quinze pages, excite l'indignation même et, jusqu'à un certain point, la terreur des écrivains de la *Civiltà Cattolica*, qui s'épouvantent naïvement que le progrès moderne permette d'établir un esclavage dix fois pire que l'esclavage antique. En effet, ils cherchent avec une conscience à toute épreuve à démontrer que ces actes sont autant d'attentats à la liberté et à la dignité humaines, et qu'ils sont tous entachés d'une immoralité profonde. Évidemment, si le ridicule spectacle que donnent les somnambules qui se montrent sur les théâtres, dans les cafés, dans les salons, n'était autre chose qu'une farce dépravante, si toute cette fantasmagorie d'annihilation de la personne humaine n'était qu'une fantasmagorie, on ne saurait imaginer de supplice assez grand pour punir les magnétiseurs, qui provoquent un sommeil entouré de tels excès. Une législation draconienne renouvelée du moyen-âge devrait être établie d'urgence.

Si l'on pouvait un seul instant admettre qu'il existe ici-bas des hommes dont les vibrations cérébrales peuvent retentir à distance, toute action sociale serait ridicule, absurde, inutile. Quoi! nous irions confier au général Boulanger les millions qu'il nous demande pour changer les fusils de nos troupes! mais que nous font les fusils de nos troupes, si nous pouvons craindre que la pensée d'un maréchal prussien retentisse dans la cervelle de nos généraux et les obligera à livrer passage aux uhlans! Nous ferions construire des torpilleurs, si le cerveau d'un amiral anglais peut donner ordre à leurs capitaines de faire échouer leurs bâtiments sur des écueils?

Nous enverrions des ambassadeurs à Saint-Pétersbourg, si nous pouvions supposer que c'est dans l'encéphale de M. de Bismarck que les dépêches sont combinées? Nous aurions un chiffre pour les transmettre, s'il lit l'original dans la tête de M. Grévy ou de M. Goblet?

Mais il n'en est point ainsi.

Chacun est responsable de ses actes. C'est dans son âme scélérate que Bazaine a conçu le projet de sa trahison; c'est par orgueil et suffisance que M. Émile Olivier a lâché son « cœur léger » et le maréchal Lebeuf son « bouton de guêtre ». Napoléon III et l'Impératrice sont responsables d'une déclaration de guerre qu'aucun suggestionniste ne leur a soufflée.

La responsabilité individuelle, absolue, entière n'est pas une chimère, c'est une vérité indestructible.

S'il existait dans le monde des suggestionnistes tels que ceux qu'on nous dépeint, la congrégation de l'Index, la congrégation des Rites et le Père commun des fidèles n'auraient point de foudres.

Mais rassurez-vous, bons religieux, savants théologiens, illustres cardinaux, colonnes de l'Église. Votre zèle apostolique vous égare... Cessez de trembler pour la liberté humaine. Toutes ces merveilles n'existent en réalité que dans l'imagination de ceux qui les racontent !

S'il faut faire intervenir l'autorité, ce n'est pas pour relever les bûchers ; il suffit de l'article 405 du Code pénal et des bancs de la police correctionnelle. Quelquefois il suffirait d'avoir recours aux articles qui punissent l'excitation à la débauche !

Quant à la sorcellerie, il n'y a jamais eu de sorciers, il ne saurait jamais y en avoir.

Les inquisiteurs qui les faisaient brûler, étaient le jouet d'une illusion déplorable, qui

changeait des gens pieux, honnêtes, en bêtes
féroces. Leurs erreurs étaient épouvantables,
mais elles avaient une excuse à une époque
d'ignorance où l'on invoquait la Foi. Celle des
auteurs qui veulent renouveler le prestige de
la sorcellerie, en faisant appel à la science qu'ils
nient, au progrès qu'ils anéantissent, à la raison qu'ils outragent, est sans circonstance atténuante. Mais ils ne sont point les suppôts du
diable, à moins que par Lucifer et Belzébuth
on n'entende l'ensemble des passions mau-
vaises qui peuvent troubler la cervelle des docteurs eux-mêmes, car le bonnet qui la garnit
ne protège pas plus leur esprit contre la folie,
que la « garde qui veillait aux portes du Louvre »
n'empêchait la mort de toucher du bout de son
aile noire les grands qui y tenaient leur cour.

XI

LES MIRACLES DU SOMMEIL

XII

LES MIRACLES DU SOMMEIL

Arago nous rapporte l'aventure d'une demoiselle Angélique Cottin, qui avait été amenée à l'Observatoire et soumise à son inspection ainsi qu'à celle d'une commission de l'Académie des sciences, qu'il s'était fait adjoindre. Les cornacs de cette fille prétendaient que ses sens avaient une subtilité si grande qu'elle avait la propriété de lire des objets renfermés dans des coffrets, c'est-à-dire d'exécuter l'expérience dans laquelle avait échoué la somnambule de M. Teste. L'accumulation du fluide produite par les passes de son magnétiseur était si grande qu'elle se manifestait par la faculté, tant de fois alléguée, de distinguer les pôles d'un aimant ainsi que par des répulsions éner-

giques sur les meubles et les objets qui se
trouvaient placés dans son voisinage.

La commission procéda avec soin à la véri-
fication des merveilles annoncées; la faculté de
lire à travers les murailles s'évanouit. On cons-
tata que mademoiselle Angélique Cottin ne pouvait même pas dire à l'avance si le courant avait
été lancé ou non dans les spirales d'un électro-
aimant. Il ne restait que le pouvoir de produire
des effets dynamiques sur des chaises, etc.,
etc. Mais la commission ayant manifesté le
désir de prendre des mesures spéciales, pour
s'assurer que ces mouvements n'étaient point
produits par l'action secrète des mains, des
pieds et même des muscles fessiers, la somnambule refusa de continuer ses expériences.

Les physiologistes rangent, avec raison, les
muscles dans deux catégories distinctes : ceux
qui servent à exécuter les mouvements volontaires, et ceux qui sont au contraire destinés à
produire les actes mécaniques de la vie matérielle. On admet, comme tout à fait démontré,
que les premiers sont sous la domination
de l'intelligence, et les seconds sous celle de
l'instinct. Toutefois cette division n'est pas,
comme nous avons déjà eu occasion de le rappeler, aussi nette, aussi précise que le suppo-

sent les théoriciens. Il y a bien des mouvements que l'on considère comme automatiques
et dont la volonté peut cependant s'emparer.

Les mouvements du cœur s'effectuent en général, dans leur état normal, sans que nous
nous en apercevions; cependant, qui ne sait
qu'une émotion vive les accélère ou les ralentit
tellement que nous pouvons en être vivement
incommodés. Notre vie même peut être mise
de la sorte en danger. On connaît des individus
qu'une nouvelle inattendue ou qu'un excès de
plaisir a foudroyés.

La dépendance dans laquelle le système cir-
culatoire se trouve vis-à-vis de la pensée se
manifeste d'une façon admirable et saisis-
sante, lorsque l'on voit successivement rougir
et pâlir une jeune fille, lorsqu'on peut lire sur
un gracieux visage l'écho des pensées qui l'en-
thousiasment, des espérances ou des craintes
que l'amour y allume, des appréhensions que
cet irrésistible sentiment y excite. Mais les ra-
vissantes émotions qu'un être pur et aimant ne
saurait maîtriser, et que l'on pourrait facilement
ranger au nombre des actions réflexes, sont
malheureusement susceptibles d'être imitées.
Elles font partie des armes dont se servent les
Cora Pearl, les Marguerite Bellanger, pour atta-

cher leurs victimes à leur char de triomphe.
Savoir rougir à propos formera toujours la
base de l'art des grandes coquettes.

Comment s'étonner que la somnambule si-
mulant le sommeil trouve le moyen de pâlir,
afin d'exciter l'admiration de dupes trop facilement séduites, par un changement de couleur.

Nous avons rappelé plus haut que les sphincters sont soumis à l'action de nerfs qui, dans
l'état de santé, ne dorment jamais, et sont les
gardiens fidèles, incorruptibles, du tube intesti-
nal. Cependant ils ne sont dominés par la
volonté qu'à l'aide d'une éducation préalable ;
leur usage n'est pas purement instinctif chez
l'enfant, et les nourrices en savent quelque
chose. Chez les idiots, cette éducation est fort
longue, et l'on a réservé un nom spécial, celui
de gâteux, aux infortunés dont la raison est
tellement affaiblie qu'ils ne peuvent s'y assu-
jétir.

Les chevaux n'ont point une intelligence
assez développée pour s'élever jusqu'à une
vertu de continence que les chiens acquièrent
parfois. En effet, les directeurs de théâtre qui
les font monter sur les planches n'ont trouvé
qu'un moyen de se mettre à l'abri d'accidents
qui prêteraient à rire dans les moments où

l'on compte sur leur présence pour exciter l'enthousiasme.

Avant de les introduire, les écuyers frappent légèrement sur leur sphincter, qui cède en quelque sorte automatiquement, car l'on ne peut admettre que le cheval comprenne la nature du signal. L'effet est infaillible ; quand les matières se sont assez accumulées pour que le besoin d'une décharge se fasse de nouveau sentir, Bucéphale a été ramené à l'écurie, et Alexandre a mis pied à terre dans les coulisses.

Mais il ne faut pas croire que le cheval, si obtus lorsqu'il s'agit d'un devoir de bienséance, soit un animal à qui la nature refuse tout moyen de contrôle sur ses muscles, il en remue volontairement quelques-uns que nous considérons comme appartenant à la vie automatique, notamment les muscles que la jeune Angélique Cottin était suspecte de mettre en mouvement d'une façon si originale.

Il est malheureux pour la science anatomique que l'héroïne de ce petit drame scientifique se soit dérobée, précisément au moment où les savants s'apprêtaient à mettre leurs lunettes, et se soit contentée des succès qu'elle obtenait dans les salons, où l'on tournait en ridicule le verdict des commissaires.

Mais sans avoir recours à des faits contro-versés et douteux, il est facile de citer des exemples qui ne permettent pas de douter de la possibilité d'étendre l'empire de la volonté.

Chacun sait qu'une éducation spéciale, facile à acquérir , donne le pouvoir de faire agir individuellement des muscles qui paraissent destinés à marcher ensemble. Ainsi, les en-fants et les paysans ouvrent et ferment à la fois les deux yeux, mais il n'en est pas de même des astronomes et des chasseurs, qui arrivent, très facilement, à n'en fermer qu'un pour pou-voir viser facilement, soit un astre au travers de la lunette, soit un gibier au bout du canon de leur fusil.

Est-il donc surprenant que, pendant le som-meil, un homme puisse se servir de ses jambes, c'est-à-dire accomplir un acte, qui, sans con-tredit, est volontaire dans l'état ordinaire des choses, mais dans lequel l'automatisme joue un rôle considérable? En effet, l'intelligence la plus subtile ne saurait suffire à la coordination des mouvements nécessaires pour produire la mar-che, opération pendant laquelle le sujet se sert pour progresser de la pesanteur contre laquelle il lutte.

M. Marey a rempli un des livres les plus curieux de la *Bibliothèque Internationale* en exposant sommairement tous les principes mécaniques qu'il faudrait connaître pour ne pas s'étaler par terre. Malgré le talent d'exposition de l'auteur, l'esprit a quelque peine à comprendre comment il se fait que des opérations si compliquées s'opèrent mcaniquement, de sorte que l'on peut s'y livrer en rêvant à mille chimères, en composant un article, une pièce de poésie, ou en élaborant un calcul mental.

L'aptitude que l'être humain a de se tenir en équilibre, et de se diriger instinctivement, est tellement grande qu'elle s'exerce dans des conditions où la marche est singulièrement périlleuse, et ne peut avoir lieu d'une façon sûre qu'à l'aide d'un organe exceptionnel qui se nomme le balancier.

Comme j'interrogeais Blondin, il y a quelques années, sur la manière dont il s'y prenait pour exécuter les tours merveilleux auxquels je venais d'assister, il me répondit naïvement qu'il les faisait naturellement et sans y penser. Tout son mérite résidait dans l'extrême facilité avec laquelle il se servait d'un appareil que les équilibristes ordinaires manient pour ainsi dire scientifiquement. Le roi des acrobates était tellement familiarisé avec son balancier qu'il

faisait en quelque sorte partie de son individu.
Il se laissait aller avec une confiance infinie aux
moindres indications qu'il en recevait. Il aurait
plutôt fait une chute sur l'asphalte du boulevard que sur la corde qui traversait le Niagara,
et sur laquelle il se promenait avec des échasses,
les yeux bandés, emportant un voyageur sur
son dos. Il m'avait inspiré une sécurité si complète, que je me serais placé volontiers dans sa
brouette afin de traverser la grande nef du palais de l'Industrie sous son égide.

Depuis la conversation que j'ai eue avec cet
homme justement célèbre, car il a porté à la
perfection un art fort intéressant, je cessai de
m'étonner en entendant raconter les histoires
surprenantes de ces somnambules que l'on voit
marcher les yeux fermés sur les rebords des
toits.

Je fus beaucoup moins frappé par le récit
d'aventures, qui, autrefois, m'avaient paru inex-
plicables. Je compris que toutes ces prouesses
tant vantées ne supposaient en aucune façon
des facultés extraordinaires, quasi-miracu-
leuses de la part d'individus qui, les exécutant
les yeux fermés ou sans regarder à leurs pieds,
ne sauraient être atteints par le vertige, et auxquels l'instinct automatique peut bien suffire

comme il suffit aux animaux, qui, après tout, ne sont peut-être que des machines bien montées, par le divin Architecte, comme l'enseignait Descartes. Si ces histoires sont avérées, ce que je ne veux pas examiner, elles ne prouveraient peut-être qu'une chose, c'est qu'il y a dans l'homme deux natures, une rationelle et une machinale, et que la seconde peut suffire à guider le corps quand la première dort. Les Cartésiens du XVIIe siècle auraient pu discuter sérieusement la question, si elle s'était posée de leur temps, peut-être même l'ont-ils fait, ce que j'ignore, mais aujourd'hui nous avons des occupations plus sérieuses.

En effet, les moyens d'observer la nature se sont tellement augmentés, que la vie entière du philosophe suffit à peine à l'examen sommaire du domaine admirable que la Providence a mis à sa disposition. Le monde entier s'ouvre aux conquêtes de la civilisation moderne. Nous avons à dompter les nations sauvages, à les obliger à reconnaître le droit du rail, l'inviolabilité du télégraphe électrique.

Le but de la science s'est agrandi, ennobli. On ne dédaigne plus les arts utiles destinés à améliorer le sort des populations, à faire régner des mœurs plus douces, plus humaines.

La confiance croissante, que l'on doit avoir dans la providence de l'Auteur de la nature, doit nous écarter de plus en plus de théories qui, au premier abord, paraissent sublimes, et qui en réalité ne sont que subtiles. Si lh'ypno-tisme a tant de succès c'est que l'on a trop perdu de vue cette belle parole du grand Priest-ley : « Toute recherche qui n'a pas pour but de rendre les hommes meilleurs ou plus heureux ne mérite pas le nom de science. »

XIII

DE LA PREUVE PAR L'IGNORANCE

XIII

DE LA PREUVE PAR L'IGNORANCE

Malgré la confiance qu'ils ont, ou qu'ils affichent, dans la bonne foi de leurs somnambules, les docteurs hypnotisants ne négligent pas d'invoquer leur extrême ignorance, qu'ils considèrent comme une preuve sans réplique de leur innocence.

Ces assertions, nous ne craignons pas de le dire, plaident en faveur de la naïveté de ceux qui ont la simplicité de les produire, lorsque les sujets, qu'on présente comme étrangers aux notions les plus élémentaires des choses vulgaires, sont des femmes, dont la plupart ont roulé dans Paris, passé de main en main, ont eu des rapports souvent beaucoup trop intimes

11.

avec plusieurs générations d'étudiants en médecine, dont quelques-unes même étaient régu-
lièrement surveillées par des médecins diplô-
més, armés des instruments que la science la
plus raffinée a imaginés pour porter la lumière
jusqu'au fond des choses les plus cachées.

Non, nous ne croirons pas que ces donzelles
soient assez naïves pour ne pas connaître la différence qui existe entre le gros et le petit bout de
la lunette, et qu'elles aient besoin d'être sug-
gestionnées pour savoir si elles doivent s'atten-
dre à trouver les objets agrandis ou diminués.

Nous ne concéderons même pas qu'elles
n'aient pu apprendre par confidence de leurs
compagnes, ou indiscrétion des internes, ou
malice des infirmiers, qu'il y a des prismes
transparents qui donnent des images doubles;
nous ne refuserons pas à ces commères,
même, pour étayer les plus précieux raisonnements du probabilisme, une connaissance sommaire de la localisation des fonctions
cérébrales, nous ne serons point ébobis comme
des fondeurs de cloches, si elles savent quelle
fonction doit être paralysée ou surexcitée par
l'action supposée que leur magnétiseur exerce
sur telle ou telle partie de leur encéphale !

Nous ne ferons pas à nos lecteurs l'injure de

leur dire qu'une farceuse, aimant à mystifier
son docteur, n'aura pas de connaissances médi-
cales assez étendues pour être impuissante à
simuler la léthargie lorsqu'on lui ferme les deux
paupières, et la demi-léthargie lorsqu'on lui
en ferme une seule...

Mais l'ignorance à laquelle les savants ont
recours est malheureusement trop réelle ; c'est
celle qui est si commune de nos jours parmi
les spécialistes. En effet, par suite de l'effrayant,
de l'absurde morcellement intellectuel, qui résulte de notre bifurcation, de notre trifurcation
des études, chaque chercheur est resté isolé dans
son filon comme le mineur qui attaque la veine de
charbon avec sa lampe. Les praticiens les plus
habiles, sortis de leur spécialité étroite, sont
devenus tellement étrangers aux choses de la
raison, à la science des principes, à la science
des sciences, à la philosophie, qu'ils articulent,
lorsqu'ils s'en occupent, les assertions les plus
monstrueuses, avec un sang-froid véritablement renversant.

L'ignorance, que nous refusons aux Luciles
d'hôpital, aux comparses de l'hypnôse, nous
sommes obligés de reconnaître qu'elle existe,
noire, épaisse, repoussante, dans l'esprit de
maint docteur. Hélas! comment ne point recon-

naître, proclamer cette vérité désolante en énu-
mérant les considérations théoriques de
MM. Campili, Huxley et Herzen, qui, moins
timides, ne reculent pas devant l'explication de
la vision même à travers les corps opaques. Ces
savants déclarent qu'il n'y a pas d'objet matériel
qui n'ait des pores par lesquels un certain
nombre de rayons lumineux peuvent s'insinuer.
Le nombre de ces effluves est naturellement
très faible, tellement faible que, dans son état
normal, la rétine ne saurait être impressionnée.
Mais il n'en est pas de même de la rétine sensi-
bilisée du médium. Elle est tellement facile à
émouvoir que ces rayons si rares suffisent pour
y peindre une image distincte.

Évidemment, voilà une explication parfaitement lumineuse, digne d'un Président de la
Société Royale de Londres! L'illustre naturaliste aurait pu ajouter que l'hypnotisme faisait
le même effet que les substances accélératrices
en photographie, qui ont tellement réduit le
temps de la pose qu'on est arrivé à prendre des
pigeons au vol. Quel dommage qu'une vibration de son puissant cerveau n'ait pas découvert
cet argument écrasant (1)!

(1) Peut-être n'aurait-il pas touché les esprits faibles qui, comme le nôtre, n'oublient pas que cette sub-

La même manière de raisonner s'applique à la transposition des sens. Un individu prétend avoir la faculté de voir avec le talon, ou avec le genou. Il a pour lui le témoignage de quelques docteurs d'une faculté quelconque, vite ces amis dévoués de la Libre Pensée vous ordonnent de soumettre votre raison à la férule. Il faut croire, et admirer scientifiquement.

Mais il ne s'agit pas d'un docteur isolé, ayant constaté les faits que ce pendard d'Arago considère comme absurdes. La *Civiltà Cattolica*, et nous la croyons bien volontiers, nous apprend (*quaderno* 875, page 583) que le fait a été observé, non-seulement par le docteur César Lombroso, mais aussi par le docteur Haidenheim. Les docteurs Haidenheim et Lombroso ne sont pas les seuls, car on cite encore les témoignages de MM. Cervello, Raffaeli, Carmagnola, Despine, Franck, Anyonova et Gori, tous les sept également docteurs ou savants de profession,

---

stance accélératrice porte le nom de *brome*, et est une matière bien définie, dont la présence peut être établie par ses réactions multiples, tandis que, même en admettant tout ce que dit M. Huxley, la substance ou le mode de production de l'*hypnôse* est pour nous un mystère. Nous ne parlons en ce moment de la simulation que pour mémoire, quoiqu'elle soit l'alpha et l'oméga de cette prétendue science.

en somme, des témoins presque aussi nombreux que l'étaient les Muses, beaucoup plus que ne le furent les membres du célèbre comité de surveillance du jeûneur Merlatti...

Le docteur César Lombroso n'est point embarrassé pour expliquer comment ce quasi-miracle n'est qu'un quasi-miracle, et non point un miracle complet...

Écoutons parler l'oracle, voici ce qu'il dit dans les pages 15 et suivantes des *Etudes sur l'hypnotisme* : « Il ne s'agit pas de donner à la matière une nouvelle faculté, mais de la transposer d'un point d'un corps en un autre. »

Quoi de plus simple? Est-ce que les Echinodermes ne voient pas par un point quelconque de la peau, puisque chez eux le sens du tact se confond avec celui de la vue? En vertu du théorême qui nous fait descendre de l'huître, il n'y a rien d'étonnant qu'un point quelconque de notre corps serve à percevoir des impressions lumineuses.

La *Civiltà Cattolica* fait remarquer que le progrès par l'hypnotisme ne peut être considéré que comme une dégénérescence, puisqu'il consisterait à donner à l'être humain des fonctions d'un ordre tout à fait inférieur, à détruire la spécialisation des organes qui, suivant la doc-

trine de M. Huxley et de toute l'école Darwi-
nienne, est le but suprême de l'évolution. Nous
nous étonnons franchement que les Pères
n'aient point complété leur sagace observation
d'un de leurs livres, où il est dit : « Que celui
qui veut s'élever sera humilié. »

Remplacer la vision claire, distincte, de l'œil
humain, par l'impression qui suffit pour guider le zoophyte, serait-ce le but de toute
l'évolution sociale ? C'est pour obtenir ce précieux résultat que tant de générations de
penseurs auraient usé leurs veilles à cultiver
les sciences ! Émettre une opinion aussi peu
digne de tant de sacrifices, de tant de succès,
de tant de génie, suffit pour en faire apprécier
la valeur.

Cette manie de supprimer la différence qui
existe entre l'homme et les animaux, de nous
ravaler au niveau de la brute, est tellement répandue, qu'un professeur d'Allemagne ayant
eu l'idée d'étudier le travail mécanique de la
pensée chez l'homme, n'a trouvé rien de mieux
que d'enfoncer des épingles dans le cerveau
d'un chien, pour voir si la sécrétion produite
par la vision d'un morceau d'étoffe rouge y
développerait de la chaleur ou du froid...

Les médecins brevetés, qui croient qu'on

peut voir avec le talon, insistent beaucoup sur
ce point qu'il n'y a dans le phénomène de la
vision qu'une transformation du tact, c'est-à-
dire que l'exaltation d'un sens ancien, et non la
création d'un sens nouveau.

Toute leur argumentation roule sur une
hypothèse, qui n'est pas prouvée par expérience directe, et qui est admise actuellement
mais qui peut-être demain cessera de l'être.

En tout cas, qui oserait, comme le dit la
Civiltà-Cattolica avec beaucoup de sens, soutenir qu'il n'y a aucune différence entre une faculté
inerte et une faculté active, qu'il suffit de la
concentration effectuée pendant le sommeil, et
déterminée par la magnétisation, pour se dispenser de tous les organes que la nature a imaginés, pour passer de l'une à l'autre?

Afin de bien convaincre son lecteur, la *Civiltà-Cattolica* examinait sommairement quelles sont les conditions de la vision :

« Nous voyons parce que l'objet, placé de manière
à pouvoir être aperçu et illuminé, se peint sur la
rétine, toile vivante, et communiquant par l'intermédiaire du nerf optique avec le centre des sensations où l'homme la contemple, par un acte exprès
de ses facultés imaginatives, et la conçoit par le
pouvoir de son imagination. Or, la rétine ne se

transporte pas au talon, ni sur le ventre, ni au genou. Donc, tout le travail humain nécessaire à l'acte de la vision est impossible. »

La facilité extravagante avec laquelle les matérialistes acceptent ces mutations des sens est la conséquence fatale de la théorie dont ils se contentent pour expliquer les sensations les plus diverses, dans lesquelles ils ne voient qu'une communication de mouvement. Les personnes que les explications basées uniquement sur la transmission des chocs ne révoltent pas seront peut-être guéries de cette admiration insensée de doctrines troubles et creuses, en voyant l'abîme d'absurdité où elles conduisent.

Pour bien apprécier le degré d'ignorance que suppose l'hypothèse qu'on peut voir avec le genou, il ne serait pas superflu de tracer un tableau de ce que l'on pourrait appeler les merveilles de la vision. En lisant l'énumération de toutes les précautions que le Créateur a prises pour permettre à l'organisme humain de sentir les objets extérieurs, on sera frappé d'admiration pour sa sagesse et sa prudence.

Peut-on, en effet, contempler, sans une véritable stupéfaction, la prévoyance infinie de la

main divine, qui a multiplié les couches successives du cristallin, dans le but d'accroître
le pouvoir réfringent de cette lentille, qui a
donné à cette substance réfringente deux sur-
faces convexes, dont la courbure est combinée
avec celle de la masse diaphane de l'œil, pour
produire la convergence, sur la rétine, des
rayons de lumière destinés à peindre les objets?
Comment ne pas sentir l'infirmité de sa raison
en présence de celle qui a pu graduer les détails de la configuration de l'objectif de cette
étonnante chambre photographique, de manière à rendre l'image parfaitement achroma-
tique, malgré la différence de l'indice de réfraction des différentes couleurs? Peut-on croire
qu'il se trouve un physicien assez ignorant des
principes de son art pour ne pas s'étonner du
génie pratique développé dans la construction
de la pupille, de ce diaphragme automatique,
qui règle le diamètre de l'ouverture par laquelle
pénètrent les rayons afin de tenir compte de
leur multitude, et même d'exclure tous ceux
qui pourraient nuire à la netteté de l'image.
Mais tous ces tours de force dont le moindre est
réellement digne d'exercer la sagacité du grand
Architecte de la nature, ne sont rien auprès de
l'art développé dans la construction de la ré-

tine elle-même, ce prolongement du nerf optique, qui s'étend comme un rideau devant l'ouverture de l'iris, et dans les précautions prises pour que sa sensibilité soit assez exquise pour saisir toutes les nuances de teinte et de forme, sans perdre la faculté de les remplacer instantanément par des teintes et des formes nouvelles.

Si notre scalpel fait l'anatomie de cette membrane, dont l'épaisseur ne dépasse pas celle d'une feuille de papier, il n'y trouvera pas une substance homogène, mais une série de couches distinctes, soigneusement disposées au-dessus les unes des autres, et peut-être composées chacune de couches dont il nous est impossible de reconnaître nettement les frontières. Mais ce que notre microscope ne nous montrera pas encore, ce que notre raison ne peut, nous ne disons pas expliquer, mais seulement comprendre, c'est la manière dont l'impression, produite avec tant de soin, se transmet à l'intelligence, par quels admirables procédés l'imagination vient jouer son rôle, quels sont les intermédiaires qui vont impressionner l'âme, cette substance éternelle, dont les propriétés sont si admirables, puisqu'elle est faite à l'image du Créateur, puisqu'elle est le souffle même de l'esprit dont la Providence ineffable remplit le monde.

Nous avons ri aux larmes de la simplicité d'Helmholtz, le trop célèbre recteur de l'Académie de Berlin, quand il a osé écrire quelque part « que si un opticien lui apportait une lunette qui ne serait pas mieux confectionnée que l'œil du Titien et de Raphaël, il serait obligé de la lui laisser pour compte... » Eh bien ! l'absurdité de ce grand Berlinois n'est rien en comparaison de celle du Créateur, si l'hypnotisme est autre chose qu'un non-sens, qu'une chimère.

En effet, tout ce génie serait dépensé ridiculement, en pure perte, toute cette puissance serait anéantie elle-même dans un jeu puéril, sans but, sans portée, si l'œil que le divin auteur de la nature a pris tant de peine à former était inutile... A quoi bon, en effet, tant de science, tant de providence, si le moindre somnambule peut se passer de cristallin, d'iris, de rétine, s'il n'a qu'à se laisser hypnotiser par un aveugle, une table, pour acquérir la faculté de voir avec son nombril ?

Au moins, direz-vous, les enchanteurs qui peuvent produire un phénomène aussi surprenant emploient une science profonde. Ils pos-

sèdent un secret qu'ils ont retrouvé dans la
chambre des Pharaons, au centre de la plus
grande, de la plus mystérieuse des Pyramides.
Ils ont découvert le mot, si longtemps poursuivi par les alchimistes, pour faire de l'or; ils
possèdent pour le moins la pierre philosophale... Ce sont des sages, ayant vécu longtemps dans le commerce des grands hommes
de l'antiquité, pâli dans l'étude des monuments
scientifiques laissés par les savants nécroman-
ciens du moyen-âge : ils ont profité habilement
de quelque conjonction favorable ?

Détrompez-vous, si vous vous faites une
idée pareille de leur science et de leur vertu,
de la pénétration de leur génie, de la complication des procédés nécessaires à l'accomplisse-
ment d'une si grande merveille !

Les magnétiseurs sont pour la plupart des
êtres plats, vulgaires, dépourvus d'éloquence,
de science. Les plus remarquables sont des
médecins peu dignes d'Esculape, qui au lieu
de chercher à guérir leurs malades exhibent
leurs infirmités vraies ou fausses, et en font
parade devant un public digne de les comprendre ! Au lieu de faire de l'or, ils ramas-
sent les gros sous des spectateurs ! Pour exécuter leur enchantement, ces hommes grossiers,

ignorants, n'ont besoin ni de bonnet pointu, ni
de baguette... Il leur suffit d'un regard, d'un
geste, et encore d'un geste et d'un regard que
leur sujet ne voit pas... Ils effacent l'omnipo-
tence de Jupiter, ce père des Dieux et des
Hommes qui au moins est obligé de faire un
signe de tête pour mettre en branle à la fois tout
l'Olympe. Hélas! combien ces grands magiciens
modernes sont loin de donner la moindre
preuve de leur divin pouvoir !

Ils produisent des contorsions et des crises
qui excitent incontestablement l'étonnement
des spectateurs, et qui entraînent forcément la
conviction chez tous ceux qui n'ont ni le temps,
ni l'instruction nécessaire pour réfléchir. Nous-
même nous avons été quelque peu ébranlé,
lorsque nous nous sommes trouvé en face de
ce spectacle.

Mais nous n'avons pas eu de peine à revenir
de notre impression première. En effet, nous
avons compris sans difficulté que ces femmes
ou ces filles avaient des affections qui les rendaient éminemment propres au rôle qu'elles
jouaient, et qu'elles pouvaient parfaitement
bien l'avoir appris par cœur, qu'il fallait même
qu'elles aient eu de nombreuses répétitions pour
bue le professeur se hasardât à les faire paraître

La vérité fondamentale qui s'est dégagée, c'est qu'il faut que l'ordre de l'évanouissement vrai ou faux, de la syncope loyale ou frauduleuse, du sommeil effectif ou mensonger, soit donné, directement ou indirectement, à l'aide d'un des moyens que l'Auteur des choses a mis à la disposition des différents membres de l'espèce humaine, pour s'entendre les uns avec les autres, moyens qui sont beaucoup plus nombreux qu'on ne le suppose, dont il est souvent très difficile de discerner l'emploi.

Que de choses, en effet, ne sait-on pas par expérience, que deux amants arrivent à se dire en un clin d'œil, par un simple geste presque imperceptible, par la manière dont un mot est prononcé, dont un vêtement est porté, une fleur effeuillée.

Cette langue secrète si expressive, n'est-elle pas à la disposition des médiums et de leurs barnums, qui sont le plus souvent liés de la façon la plus intime, et qui, de plus, ont un commun intérêt à déjouer la surveillance dont ils sont l'objet?

Ne faudrait-il pas être bien téméraire pour afficher la prétention d'être assez perspicace pour déjouer tous ces tours, pour déclarer hautement qu'on a pris des précautions telles que toute fraude est radicalement impossible, qu'on a des yeux si perçants qu'aucun signe ne peut échapper à leur clairvoyance, qu'une entente frauduleuse est rigoureusement supprimée, en dehors de celle qui a lieu d'âme à âme, sans l'intervention d'un organe, d'un moyen matériel?

Ce n'est pas de gaieté de cœur et sans nécessité impérieuse que les adeptes de l'hypnôse arrivent à formuler nettement un principe absurde, ou contraire à l'évidence, qu'ils cherchent à l'étayer par tant d'histoires folles et mensongères; comme celle que nous lisons dans l'*Estafette* du 8 janvier, où un journaliste veut nous persuader qu'un docteur spirite faisant l'invocation directe de l'esprit d'une morte, a obligé, par suggestion mentale, une somnambule, qui occupait un lit voisin, d'accomplir les simagrées qu'il avait la prétention d'imposer par l'intermédiaire de la défunte!

S'ils se montrent si crédules, s'ils bravent à ce point le ridicule, s'ils dépassent ainsi les inventions des moines du moyen-âge, c'est que le besoin de leurs théories les y oblige de la façon la plus impérieuse.

En effet, s'ils ne parviennent à faire accepter par leurs adeptes ce fait idiot comme un axiome

indispensable, comment échapperont-ils au reproche de compérage ? Comment, malgré leurs
photographies, leurs enregistreurs électriques,
démontreront-ils que leurs grandes hystériques
ne sont pas de hideuses comparses, de nouvelles Pétronilles ? Il n'y a que ce seul moyen
d'infusion de la pensée à distance qui permette
de répondre. Mais de combien d'objections
la théorie transcendante de l'hypnôse n'a-t-elle
point à triompher, pour que toute la rédac-
tion de la *Revue scientifique* puisse en
donner, non une démonstration, ce serait
blasphémer contre la raison que de donner
le nom de démonstration à une série d'assertions incohérentes, mais lui prêter un semblant
de logique, un fantôme de cohésion et de consistance. C'est ce que nous verrons, après avoir
examiné rapidement l'hystérie petite ou grande,
après avoir montré, ainsi que nous l'avons
promis plus haut, comment ce mal terrible
exploité par les prêtres du faux Dieu, sur les
trépieds des Pythies, peut l'être de nos jours
dans les cliniques des hôpitaux, par les prêtres
de la fausse science. A l'époque des martyrs
et des confesseurs, le catholicisme a eu la gloire
d'avoir renversé les autels d'Apollon ; espérons qu'il n'ambitionnera pas d'aller soutenir

ceux d'Esculape, à notre époque de tolérance ;
souhaitons pour lui que le congrès convoqué
par Monseigneur d'Hülst, pour mettre la
science et la foi d'accord, ne conduira pas les
disciples du Christ à admettre que, même
l'intervention de Satan, puisse communiquer
la pensée à distance par vibration moléculaire.

XIV

L'HYSTÉRIE

XIV

L'HYSTÉRIE

Vivrait-on mille ans que l'on n'oublierait jamais l'impression terrible que l'on a éprouvée la première fois que l'on s'est trouvé en présence d'une épileptique entrant en crise, ou, comme le disaient énergiquement les anciens, tombant du haut-mal[1].

La face violacée perd en quelque sorte sa forme humaine, tous les muscles se contractent, se bouleversent, se travaillent dans tous les sens. Les yeux convulsionnés semblent sortir de leur orbite, ou roulent d'une façon désordonnée sous des paupières sanguinolentes. La bouche se garnit d'une bave rougeâtre. Les bras et les jambes sont agités par des spasmes incessants. La lumière la plus intense semble avoir perdu son action sur la rétine, les senteurs les plus pénétrantes n'effleurent point l'odorat. Les dents claquent avec fracas les unes contre les autres, à moins qu'elles se serrent avec une force si prodigieuse qu'elles ne s'écrasent comme verre. Le torse se courbe, s'agite et se noue, avec une agilité vertigineuse. De la gorge sortent incessamment des râles étouffés, des grognements épouvantables. L'air vital ne peut pénétrer jusqu'aux poumons qu'en faisant entendre des sifflements qui jettent la terreur ; les cheveux se hérissent, la peau se couvre d'une écume gluante, la malade perd le sentiment de son sexe, et jusqu'à son contrôle instinctif sur les sphincters.

C'est le chaos incarné dans un misérable être humain, qui se tord comme les damnés doivent le faire dans le fond des profondeurs de l'Enfer.

Il semblerait au premier abord qu'une maladie aussi terrible doive être à l'abri de toute simulation, et que l'homme de l'art ne doive jamais se trouver exposé à se demander s'il est en présence d'une infortune réelle, ou d'un misérable qui, pour exciter la pitié publique, ou pour se dérober aux obligations du service

militaire, se condamne à des manœuvres si
odieuses, si repoussantes.

Cependant, on cite dans les différents ouvrages de médecine des cas nombreux de su-
percheries reconnues d'une façon authentique.
L'auteur de l'article *Épilepsie* dans le nouveau
*Dictionnaire de médecine et de chirurgie pra-
tiques* raconte l'histoire d'un conscrit, qui fut
d'abord placé comme épileptique à Bicêtre, et
de là envoyé, toujours comme épileptique, à
l'asile de Clermont. Là, après avoir passé l'âge
de l'enrôlement, après s'être assuré qu'il était
exempté d'une façon définitive , il fit l'aveu
au médecin de la fraude qu'il avait employée
pour ne point aller au régiment. Depuis lors,
il simulait l'épilepsie chaque fois qu'on le lui
demandait et, de l'aveu de l'auteur de l'article,
il était impossible de trouver la différence
entre ce sinistre acteur et les épileptiques véritables, à moins d'avoir recours à des procédés spéciaux d'analyse.

On sait, en effet, que certains simulateurs
ont trouvé le moyen de singer jusqu'à l'écume
en agitant sournoisement un petit morceau de
savon dans leur bouche. D'autres ont excité la
turgescence violacée de leur face en se serrant
artificiellement le cou, comme s'ils voulaient

s'étrangler. Quant à la redoutable intensité des convulsions, on sait qu'il n'y a que le premier pas qui coûte, que les mouvements les plus violents sont les plus faciles à feindre, comme on le voit par la facilité avec laquelle les mauvais acteurs se livrent à une pantomime déclamatoire, et par les gestes désordonnés des énergumènes des réunions publiques. Du reste, il paraît reconnu que l'épilepsie simulée a une tendance à devenir une épilepsie véritable. Il y avait jadis, dans les anciennes cours des Miracles, des mendiants nommés *sabouleux*, dont la spécialité était de simuler l'épilepsie.

Aux obscurités de tout genre, qui accompagnent les actes intimes de l'être humain, viennent donc s'en ajouter, s'en superposer, de nouvelles, lorsqu'on étudie des crises si terribles, et dans lesquelles le vrai et le faux se mélangent nécessairement d'une façon aussi formidable.

L'arrivée d'une crise présente la rapidité d'un coup de foudre. Le sujet est précipité à terre, quelquefois avec tant d'imprévu qu'on en a vu de tués sur le coup, parce que leur crâne a touché sur l'angle d'un trottoir. Mais il est rare que la catastrophe ne soit point pré-

cédée par une sorte de période d'avertisse-
ments, pendant laquelle le patient est prévenu,
soit par des frissons précédant la catastrophe,
soit par de simples inquiétudes parcourant les
membres !

On comprend donc combien il est facile de
frapper un coup décisif. Il suffit d'un bruit
insolite, d'un contact soudain, pour que le sujet roule dans des convulsions trop réelles,
mais qui, cependant, peuvent être provoquées
par une sorte de simulation transcendante,
dont le secret peut être soigneusement gardé
dans un hôpital, comme il l'était certainement
sur le tombeau du diacre Pâris. Car la fausse
science se reconnaît à ce qu'aussi bien que la
fausse religion elle est susceptible d'avoir ses
fanatiques.

Il n'est pas superflu de montrer avec quelle
étonnante sérénité la plupart des auteurs qui
traitent de ces phénomènes acceptent, sans
sourciller, les assertions les plus extraordinaires
de femmes qui sont atteintes de folie épileptique ou qui paraissent l'être.

Les confessions que ces nouvelles sorcières
font à leurs nouveaux confesseurs sont enregis-
trées sans aucune espèce de contrôle. Qu'il nous
soit permis de prendre au hasard, au vol, quel-

ques exemples dans un ouvrage de la *Biblio-thèque Internationale*, le *Magnétisme animal*, où les deux auteurs, deux médecins, s'expriment de la sorte :

« Lorsque nous prions une de nos hystériques de se figurer une personne absente, elle se la figure avec autant de netteté que si elle l'avait devant les yeux. » [1]

Une de ces filles perverties prétend voir avec une énergie d'imagination qui n'appartient qu'aux grands artistes, aux illustres poëtes, et cela suffit pour que les deux auteurs, deux docteurs, ajoutent une foi absolue à une déclaration si extraordinaire. Mais ce n'est point une faculté exceptionnelle.

« Cette vivacité de la représentation se rencontre fréquemment chez les hystériques. Elle explique comment il se fait que ces femmes, lorsqu'elles sont réunies, arrivent à s'halluciner réciproquement. »

Ces observations ne seraient pas favorables au régime des maisons, où on leur laisserait se donner librement des hallucinations récipro ques. La description qui suit ne fait-elle pas songer aux sœurs du couvent des Ursulines?

« Lorsque ces hystériques ont servi de sujet
pendant plusieurs jours au même expérimentateur,
elles finissent par rester dans un état d'obsession
permanente. Elles sont possédées, pour ainsi dire,
aussi bien pendant la veille que pendant leurs rê-
ves. Cet état d'esprit s'accompagne d'hallucinations
spontanées dont la forme varie, mais dont l'expérimentateur est toujours l'objet. L'hystérique deviendra succube, embrassée, tourmentée... »

Nous ne pourrions commenter ces passages
en style honnête. Mais ceux de nos lecteurs
qui comprennent ce que ces mots veulent dire
avoueront que le rapport secret de Bailly est
resté au-dessous de la vérité, et que la suggestion mérite le nom de priapisme ; ce n'est que
la folie de la débauche poussée au paroxysme.
Ces tristes obsessions, au lieu d'être cultivées
au nom de la science, doivent être combattues
au nom de l'humanité.

Le médecin qui les entretient et les fomente
est aussi coupable que l'écrivain ou l'orateur
qui suscite les délires anarchistes de la Pan-
thère de Batignolles.

Comme nous l'avons déjà fait remarquer,
il a paru depuis quelques mois une avalanche
de volumes sur l'hypnotisme, la suggestion et

les prétendues sciences analogues. M. Regnard, celui de tous les auteurs qui a exposé le
plus clairement ces phénomènes, et qui est parvenu à les résumer dans un beau volume, fort
intéressant, très bien illustré, se montre certainement d'une simplicité bien grande, lorsqu'il admet comme étant de franc jeu toutes
ces scènes de délire. Toutefois, le titre de son
ouvrage nous paraît indiquer qu'il est beaucoup moins éloigné de notre manière de voir
qu'on pourrait le croire. L'auteur de *Des
Maladies épidémiques de l'esprit* semble cependant penser que toute vérité n'est pas bonne à
dire. En effet, il se borne à décrire des phénomènes auxquels il nous paraît attacher une
trop grande importance, puisqu'il ne cherche
pas à deviner la part que la simulation peut
avoir dans toutes les manifestations étranges
de la morbidité intellectuelle. Il ne s'aperçoit
pas qu'il y a des fraudes, des mensonges, des
prestiges menteurs, à l'aide desquels ces affections mentales se propagent. Il ne cherche pas
à les découvrir, afin d'empêcher la communication de proche en proche de ces affections
qui de feintes finissent par devenir réelles, et
qui envahissent les intelligences faibles et
déjà troublées, comme le choléra s'empare de

tous les organismes usés, renfermant des germes morbides.

L'étalage insensé de ces hystériques est funeste à la santé mentale de la nation, et devrait être proscrit, ainsi que d'autres causes de démoralisation, quand bien même on pourrait en tirer quelques conséquences utiles. Combien ne faut-il pas plus scupuleusement en interdire l'exhibition officielle, quand il s'agit, presque exclusivement, de favoriser la propagation de trucs exploités par le mensonge !

Nous n'avons nullement l'intention de renier l'électricité, qui est inappréciable dans toutes les applications demandant de la précision, de la promptitude, de la délicatesse. Mais quelque hommage que nous soyons disposé à rendre au talent de nos constructeurs, nous ne pouvons nous résoudre à en faire la pierre de touche unique de la vérité. Nous aurons encore plus de confiance dans notre bon sens naturel, dans l'évidence d'une multitude de faits observés d'une façon courante, constante, nous ne la considérerons que comme susceptible de donner un utile complément aux indications que notre intelligence accepte. Nous tremblerions de remettre la clef de notre raison à un trembleur automate.

Nous ne ferons pas comme un agent de change qui, parce qu'il a mis une serrure électrique à son coffre-fort, et comptant sur ce qu'on ne peut l'ouvrir, la nuit, sans tirer un coup de pistolet, ou mettre en branle une cloche, croirait qu'il peut faire sortir un détenu de Poissy ou de Gaillon, pour lui confier son grand-livre.

Nous venons de recevoir un volume de la *Bibliothèque Internationale*, où l'on fait longuement l'éloge d'un enregistreur, que l'on considère bravement comme une pierre de touche destinée à séparer le bon grain de l'ivraie. Nous demanderons la permission de nous servir de ces mots pour faire comprendre notre pensée quoiqu'ils soient bien mal employés pour une science où tout est illusion et prestige.

Nous nous dispenserons de faire la description de cet appareil qui ressemble beaucoup à celui dont on se sert pour déterminer le graphique du pouls, et dont on a eu tant de mal à tirer des conclusions précises, acceptées d'une façon universelle, quoiqu'il s'agisse de questions qui sont loin d'exciter une passion aussi vive.

Les deux auteurs s'imaginent naïvement

qu'on peut avoir une foi illimitée dans des
symptômes bien autrement fugaces, et qu'on
peut négliger toutes les précautions qu'a prises,
par exemple, M. Marey, le savant professeur du
collège de France, lorsqu'il a voulu analyser la
marche, le saut et le vol, des actes qui, malgré
leur complication, sont d'une simplicité enfan-
tine, si on les compare au mécanisme des sensations, aux phénomènes mystérieux accomplis
dans la profondeur de l'être, dans ce microcosme
qui, sous un volume restreint, offre comme un
abrégé de tout l'univers.

Le célèbre Bodin, dans sa *Démonologie*, n'a
pas parlé avec plus d'assurance et de respect
du procédé dont se servaient les magistrats
pour distinguer les sorciers et les sorcières,
dont la condamnation et le supplice ont été dé-
crits par M. Louis Figuier d'une façon si émou-
vante ! Leur naïveté et leur crédulité sont sans
bornes, et beaucoup moins facilement explica-
bles. En effet, les magistrats qui instrumen-
taient en matière de sorcellerie, ne manquaient
jamais d'invoquer l'Esprit-Saint, et ils avaient
pour la plupart une foi sincère dans l'efficacité
de leurs *Oremus*. Mais, nous ne croyons pas
qu'un seul des docteurs de l'école de Nancy, ou
de l'école de Paris, ait eu jamais l'idée d'em-

ployer les bénédictions d'un confesseur. L'enregistreur électrique de la bonne foi des hypnotiques est, dans leur esprit, un organe tout à fait infaillible destiné à compléter les indications de l'aiguille d'or en constatant la rigidité absolue des attitudes, et en décelant par un tracé graphique les tremblements que l'œil ne peut voir.

Mais cette manière de raisonner ne serait valable que si la simulation ne peut aller jusqu'à tromper la vigilance de l'électricité. Non-seulement cette preuve n'est pas faite, mais tout porte à croire qu'elle ne peut l'être et que le simulateur parfait peut entrer si bien dans son rôle, qu'il parvient à se donner de véritables crises.

Du temps de Franklin, de Lavoisier et de Bailly, l'impossibilité où les magnétiseurs étaient de montrer leurs fluides, de les isoler, de les concentrer, était une objection qui les gênait. Mais aujourd'hui, où l'on a supprimé les fluides de la chimie, on n'est plus gêné par l'absence de toute manifestation fluidique. On admet qu'aucun effet extérieur, tangible, palpable ne doit accompagner ces manifestations, de la transmission de la pensée. Une démonstration par une série de raisonnements, est donc tout ce que les défenseurs de l'hypnôse peuvent espérer dans notre siècle si crédule et si sceptique à la fois.

Sans doute, pour rendre hommage au suffrage universel, on croit possible de remplacer la valeur des preuves par le nombre. Chaque partisan de l'hypnotisme recueille sans critique une multitude d'expériences, dont aucune, prise isolément, ne tromperait la critique, mais qui, examinées ensemble, accumulées dans les pages d'un livre d'une *Bibliothèque scientifique internationale*, produisent comme un certain effet d'ensemble.

C'est au calcul des probabilités que l'on demande d'établir les faits les plus contraires au bon sens, et l'on se targue, pour légitimer cette méthode, des succès obtenus par Laplace dans sa *Mécanique céleste*. On oublie que le soleil et la lune existent et font leurs évolutions, malgré les sornettes que les hommes débitent sur leur compte, que ni leurs mouvements, ni leur réalité ne peuvent être mis en doute, tandis qu'il en est tout autrement des merveilles de l'hypnôse.

En effet, on demande précisément au calcul des probabilités d'établir l'existence d'une force que les plus enthousiastes considéreront certainement comme étant problématique.

Certainement, nous ne mettons pas en doute la parfaite bonne foi de M. Richet ; mais lorsqu'il nous déclare qu'il se porte garant de la bonne foi de ses coopérateurs, il nous demande de plus que nous ayons une confiance illimitée dans sa clairvoyance. Or, malgré toute l'envie que nous pouvons avoir de lui être agréable, nous ne saurions pousser aussi loin la complaisance, car il nous donne à chaque instant des preuves de crédulité singulière. La « foi du charbonnier » est à l'ordre du jour dans le journal qu'il dirige. Mais ce n'est que chez les charbonniers que cette foi nous paraît excusable.

XV

LE PROGRÈS DE L'ART DES ENDORMEURS

XV

LE PROGRÈS DE L'ART DES ENDORMEURS

Du temps de ce bon M. Mesmer la magnétisation nécessitait un certain appareil. Le prêtre de cette nouvelle religion plaçait les patients dans une grande salle, close soigneusement de toutes parts. Les assistants devaient se condamner au silence. La consigne qu'on leur donnait était de diriger leurs regards sur une caisse de bois de chêne, qui avait été munie d'un couvercle percé de trous de même diamètre, et disposés de manière à permettre de placer, en des endroits convenables, des conducteurs dont on supposait que l'on ne pouvait point se passer. Le baquet mystérieux avait en général trois pieds de rayon et trois pieds de hauteur.

Au fond, l'on plaçait, suivant le rituel du charlatan autrichien, une couche composée d'un mélange intime de verre pilé et de limaille de fer. Sur cette couche se posaient des bouteilles rangées suivant les rayons, de manière que les fonds et les goulots alternaient. Pour que l'opération réussît il était déclaré nécessaire que les bouteilles fussent pleines d'eau et, de plus, recouvertes d'une couche de liquide. Par les divers trous ménagés dans le couvercle sortaient des tiges de fer dont une extrémité plongeait dans le liquide, tandis que l'autre couche, et qu'on prenait la peine de terminer en pointe, s'appliquait au corps du malade.

Les dupes de Mesmer se laissaient persuader qu'il était indispensable que la tige sortît du baquet et vînt atteindre le sujet. Aussi les parties recouvertes étaient-elles de longueur suffisante pour aller atteindre les malades qui, n'ayant pu trouver place près du baquet, avaient été obligés de former une seconde ou une troisième rangée. En outre, les malades étaient reliés les uns aux autres par une corde. Lorsque la corde n'était pas assez longue pour rattacher ceux de la seconde ou de la troisième rangée, ils y suppléaient en se tenant par un ou plusieurs doigts de la main.

Dans cette installation bizarre, il n'y avait
rien qui fût considéré comme superflu à l'o-
rigine. En effet, le grand Mesmer avait déclaré
qu'en se mettant en communication métallique
avec les bouteilles on leur communiquait une
impulsion magnétique animale, que l'on chargeait de la sorte l'eau contenue dans le baquet
qui produisait à son tour un *courant de mouvement* se portant vers les pointes. La corde
jouait elle-même un effet indispensable pour le
rétablissement de ce précieux équilibre.

Mais ces préparatifs n'étaient en quelque
sorte que la bagatelle de la porte, car tout le
mouvement devait être donné à la machine
par le grand-prêtre, par le magnétiseur, l'illustre, l'incomparable Mesmer.

L'action ne devenait énergique que lorsque
le magnétiseur entrait lui-même dans la chaîne.
Lui, n'avait pas grand chose à faire pour montrer sa puissance, il n'avait même pas besoin de se mettre en communication avec la
corde, il lui suffisait de toucher les malades,
bien plus, de diriger sur eux sa baguette, et
même ses doigts, ses regards.

Alors les yeux s'égaraient, les gorges se sou-
levaient, les têtes se renversaient avec des attitudes et des expressions diaboliques bizarres

L'un frémit, l'autre pleure, le voisin pousse
des gémissements à fendre l'âme. Quelques-
uns se plaignent d'avoir le vertige comme si
la salle et le baquet tourbillonnaient autour
d'eux; quelques-uns tombent dans un sommeil cataleptique. Bientôt la scène s'anime.
Les patients s'excitent l'un l'autre, l'esprit
d'imitation les anime, les soutient, les transporte, alors viennent les cris, les étranglements,
les contorsions, les mouvements convulsifs, et
naissent les appétits orgiaques. Les femmes se
jettent les unes sur les autres, comme autant de
bacchantes. Elles s'embrassent avec des fré-
nésies indécentes, quand elles ne se repous-
sent point avec fureur comme des échappées de
l'enfer. Les unes roulent à terre, les autres se
frappent la tête avec rage contre les murs, les
insensées se défonceraient le crâne si on n'avait
pris le soin de rembourrer les parois du sanctuaire... Les magnétisées par persuasion com-
mencent par crier « à l'aide, au secours... »

Alors Mesmer accourt aux sons d'une musi-
que douce et mélodieuse. C'est au milieu de
cette harmonie céleste que le maître prend
les mains des frénétiques. Il jette sur elles un
regard pénétrant, qui les remue jusque dans
leurs plus secrètes profondeurs, alors il opère

des attouchements sur les parties dans lesquelles l'agitation se concentre. Bientôt les spasmes
s'apaisent ; de cette tempête semblable à celle
qu'allumait le passage de Bacchus à son retour de l'Inde, il ne reste plus qu'une fatigue
mélangée de volupté; le cœur est inondé
d'élans de reconnaissance...

Par quel miracle a-t-on supprimé tout cet appareil? Est-ce que les endormeurs prétendent
être devenus plus habiles que ceux du temps
de Mesmer ? Non, c'est uniquement parce qu'ils
prétendent que Mesmer était un charlatan,
qui avait compliqué à dessein les phénomènes
afin de frapper l'imagination du vulgaire...

Tout leur talent, tout leur mérite, toute leur
gloire consiste à avoir ramené l'art de l'endormeur à ses justes et légitimes proportions, à
l'exercice pur et simple de la suggestion mentale.

Mais quelle confiance faut-il donc avoir dans
un art qui se prête si bien au charlatanisme
que ses adeptes ont pu l'exercer pendant près
d'un siècle, en l'assaisonnant de pratiques
folles, inutiles, ne servant qu'à jeter de la
poudre aux yeux du public ?

Ces aveux involontaires sont-ils donc de
nature à endormir notre vigilance ?

Sans avoir l'intention de mettre en suspicion la bonne foi de personne, il n'est pas inopportun de faire remarquer qu'il est impossible d'avoir confiance dans les expériences d'amphithéâtre telles que celles qui font la base de l'enseignement hypnotique. En effet, même lorsqu'il s'agit d'expériences de physique, qui sont de leur nature bien moins compliquées et moins incertaines, il n'est pas de professeur qui ne soit obligé de donner le coup de pouce, pour ne pas les manquer devant ses élèves.

On ne peut sérieusement soutenir que les sujets que l'on fait parader devant les étudiants soient toujours disposés à tomber en crise, au doigt et à l'œil, lorsque le moment est arrivé de faire la démonstration devant l'assistance.

Les spirites eux-mêmes, dans leurs journaux les plus enthousiastes, reconnaissent implicitement qu'il en est ainsi, puisque le plus grand nombre se montrent hostiles et réservés vis-à-vis des médiums qui font des démonstrations payantes, et qui se trouvent, par conséquent, dans la même condition que les professeurs.

Un écrivain spirite donne très naïvement les causes de cette répugnance, dans le livre qu'il vient de publier à propos des exploits de M Slade, le spirite à l'ardoise.

La multitude des preuves accumulées contre M. Slade par MM. Lankester et Dawkins, ne permet pas à l'auteur de nier que M. Slade ait été convaincu d'imposture, que la réponse ne fût déjà écrite sur l'ardoise arrachée avant qu'il n'ait invoqué les esprits ; mais l'apologiste de ce spirite échappé, grâce à une défectuosité de la loi, aux prisons d'Angleterre, ne s'arrête pas pour si peu de chose. Il avoue que son héros, donnant des représentations quotidiennes, ne pouvait être sûr d'avoir tous les jours les esprits à ses ordres. S'il avait attendu respectueusement leurs caprices, il était obligé de mettre fréquemment sur son affiche : *Relâche*, ce qui ne laisse pas d'être gênant, lorsque l'on donne des représentations payantes.

En conséquence, lorsque les esprits ne viennent point, il a recours à de petits talents manuels, qu'il tient de la Providence, et qu'il a soigneusement cultivés. Comme le Lacédémonien Lysaure, il joint à la peau du lion celle du renard !

C'était afin de faciliter de semblables manœuvres que les démonstrations magnétiques étaient environnées autrefois de tant d'appareil.

Les chefs scientifiques du parti des endor

meurs sont en apparence beaucoup plus modestes, ils ne se contentent pas de jeter à la
mer le baquet, et même aussi les passes, mais
ils renoncent à patronner les phénomènes de
clairvoyance.

Si leurs prétentions se bornaient en réalité à
endormir des folles, ou des demi-folles, comme
on le fait quelquefois avec une boulette de mie
de pain, et remplacer, à l'aide de cette ruse
innocente, une potion opiacée, nous n'aurions
pas cru qu'il fût nécessaire d'intervenir dans
une question médicale.

Peu importe au monde savant, qu'un docteur
ait en réalité la puissance de fermer les yeux
à ses malades en leur disant de dormir, que la
malade se moque de lui, que lui et la malade
s'entendent pour se moquer de ses élèves, que
le sommeil soit du sommeil, ou qu'il soit une
sorte d'évanouissement, que la crise de convul-
sion soit feinte, que l'hystérique ait aidé la nature à lui donner des contractures, ou que ce
soit la nature qui ait aidé l'hystérique à faire
des grimaces, tout cela ne sort pas du domaine
technique de la médecine opératoire.

Mais ces auteurs, qui paraissent si modérés,
ont en réalité beaucoup plus d'ambition que
leurs bruyants confrères des foires... En effet

ils prétendent priver l'homme de la liberté de
penser, ce qui est un miracle beaucoup plus
grand que de le faire voir avec son ventre.
Ils prétendent que leur pensée pénètre par
rayonnement intime, sans intermédiaire
quelconque, dans les replis de cet organe que
la nature a si bien isolé ; dans les secrètes cir-
convolutions de cet encéphale, qu'elle a renfermé dans une boîte si solide, entouré de tant
d'enveloppes, et où elle a fait pénétrer par des
orifices habilement creusés, tant d'organes
chargés d'y porter un si grand nombre de sensations différentes.

Nous ne pouvons tolérer que cette renaissance de doctrines condamnées, non sans indignation et horreur, ait lieu au nom du Progrès.

Cette tentative est d'autant plus alarmante
qu'elle n'est point isolée. Les suggestionnistes
ne sont pas, avec les spirites, les seuls fanatiques
qui voudraient nous forcer à admettre comme
symbole de la civilisation humaine le serpent
qui se mord la queue. En effet, les uns propo-
sent de réorganiser les jurandes et les maîtrises,
les autres de détruire l'unité nationale aux dépens d'une nouvelle féodalité municipale, enfin
il y en a qui parlent de rallumer le bûcher des
Juifs.

En présence de semblables prétentions,
nous ne saurions trop énergiquement veiller à
ce que les hôpitaux ne vomissent pas sur le
monde une contagion morale, qui vienne s'op-
poser à notre régénération nationale. Ayant
eu la sublime pensée de baser le gouvernement de la nation sur l'exercice de la raison,
nous ne devons pas souffrir que l'exercice de
la raison soit entravé sous prétexte de science,
et que des théoriciens, armés de faits dont les
plus authentiques ne sont rien moins que certains, dont les moins déraisonnables sont plus
qu'absurdes, ne viennent fomenter et soutenir
des théories beaucoup plus dangereuses que
celles qu'on enseignait dans les écoles suppri-
mées, fermées par autorité de justice! Ce
n'était pas la peine d'expulser les jésuites, si
on laissait rentrer le jésuitisme tout armé par
la porte bâtarde des miracles. Car les faits articulés de clairvoyance et de suggestion ne
sont pas autre chose que de vrais miracles,
interrompant l'ordre de la nature.

XVI

LE SOMMEIL NERVEUX

XVI

LE SOMMEIL NERVEUX

Il est positivement absurde de considérer le sommeil comme un état identique, toujours semblable à lui-même, indépendant des dispositions corporelles ou intellectuelles. En réalité, il y a autant de genres de sommeils que de dormeurs. Mais tous ces sommeils ont un caractère commun, un seul, celui d'affecter un nombre plus ou moins grand de nerfs, c'est-à-dire d'organes que la nature a créés pour les rapports entre le *moi* et le monde extérieur. Distinguer le sommeil nerveux du sommeil ordinaire est donc une absurdité palpable.

S'il n'y a pas de nerfs engourdis plus ou moins profondément, il n'y a pas de sommeil et il ne saurait y en avoir.

Nous demanderons la permission de ne

faire aucune hypothèse sur la nature du *moi*,
de cette force mystérieuse qui agit, qui pense,
qui est le lien commun entre tous les organes,
qui se considère comme l'antithèse du monde
extérieur, et qui règne dans toute l'étendue
de ce que les anciens avaient si énergiquement appelé le *microcosme*.

Le *moi* est comme le soleil, aveugles sont
ceux qui ne le voient pas. Ce n'est point
dans un livre qu'ils peuvent apprendre ce que
cette force immense, imminente, qui se nomme
la conscience ne leur a point appris à sentir.

Comment ce *moi* entre-t-il en communication avec l'extérieur, c'est ce que nous n'avons
pas non plus besoin d'expliquer. Il nous
suffit de savoir que ce genre d'office est si
important que la nature a pris beaucoup de
peine pour assurer ces communications dans
les animaux supérieurs, que la perfection du
système nerveux est un signe de noblesse dans
la série vivante. C'est par le développement
extrême de cette partie de son organisation
que l'homme se distingue, et ce développement est poussé si loin qu'il paraît avoir les
facultés mentales ou animiques dont il semble
que les autres animaux sont privés, ou qu'ils ne
possèdent qu'à un état rudimentaire.

Nous n'avons pas besoin d'examiner comment l'être intérieur arrive à percevoir les impressions des sens, par quel mécanisme il parvient à donner des ordres obéis, avec la précision de messages télégraphiques.

Peu nous importe si l'électricité est mise en jeu. Nous n'avons point à nous préoccuper, en ce moment, de savoir si la physique peut, grâce à elle, mettre la main sur le médiateur plastique de Leibnitz. *Cudworth*

Ce qu'il y a de certain c'est que nous avons en nous un principe d'unité qui agit en vertu de cogitations distinctes, qui est doué de spontanéité, qui fait ses choix, qui délibère.

Quelle est l'essence de cet être? Est-il une émanation du souffle du Créateur? Est-ce un ange déchu incarné à un peu de matière? Est-ce une chenille qui, suivant l'expression de Dante, doit devenir l'éternel papillon?

Nous ne nous perdrons pas non plus dans les distinctions, dans les suppositions, que Milne-Edwards accumule après avoir terminé son cours de *Physiologie comparée*. Qu'il soit le produit de l'action des cellules vivantes, ou qu'il règle le jeu de la vie des cellules qui composent l'être; qu'il résulte de l'ordre des parties du corps, ou que ce soit cette force

qui détermine, règle et contrôle l'évolution
du corps dans le sein de la mère, et sa con-
servation plus ou moins longue au sein de la
nature ; qu'il soit le produit des virtualités de
la *guenille*, si chère avec raison à Molière, ou
simplement inhérent à la guenille, ce principe existe, c'est par lui que nous voyons,
par lui que nous sentons, par lui que nous
veillons. Le sentiment de la réalité nous abandonne temporairement, lorsque nous dor-
mons, lorsque nous appartenons à celui que
les anciens nommaient le dieu du sommeil.

De même que le sommeil est loin d'être
semblable à lui-même chez divers individus,
il est loin d'être semblable à lui-même chez
le même personnage. On s'endort petit à petit,
brin à brin, d'une façon lente et progressive.
On dirait que les liens qui attachent le corps à
la matière se dénouent les uns après les
autres. Il n'en est pas autrement du réveil.
C'est petit à petit que les fils conducteurs sont
renoués. Il en résulte une multitude d'états
intermédiaires, d'engourdissements plus ou
moins imparfaits qui ne sont pas toujours
dénués de charme, et dans lesquels chacun se
plaît à ses heures.

C'est une vérité qui échappe complétement

aux docteurs de l'hypnôse, qui raisonnent
comme si le sommeil était absolu, et si l'être
endormi était, comme l'âme d'un mort, privé
de toute communication avec le monde extérieur. C'est une absurdité tellement palpable
qu'ils seraient les premiers à se révolter
contre ceux qui songeraient à la défendre,
s'ils n'en avaient besoin pour soutenir que le
sujet sur lequel ils opèrent est tout à fait privé
de communication avec le monde extérieur,
qu'il ne peut plus ni voir (même lorsqu'il a
les yeux ouverts), ni éprouver de sensations
tactiles, ni avoir la perception d'odeurs, que
tout ce qui émeut son intellect lui est com-
muniqué par *infusion d'âme à âme* et par l'intermédiaire de son magnétiseur.

Mais la vérité se fait tellement jour malgré
eux, qu'ils ont défini des états divers dont le
plus profond est désigné sous le nom de sommeil somnambulique, le sommeil cataleptique
étant réservé pour un état intermédiaire. Il y
a là-dessus des incertitudes, des querelles qui
nous importent peu, mais qui montrent qu'ils
reconnaissent des nuances.

Ce que nous dirons seulement, c'est que
toutes ces divisions sont arbitraires et qu'il
n'y a qu'une chose certaine, c'est que l'indi-

vidu qui dort partiellement est encore en
communication avec le monde extérieur, par
les sens qui restent encore éveillés, et qu'il
peut en faire usage, pour obéir aux ordres
qui lui sont donnés par leur intermédiaire,
de manière à singer une communication
d'âme à âme.

Ovide a été bien meilleur physiologiste
que tous ces docteurs de l'hypnôse, dans le
tableau célèbre qu'il nous trace du palais de
Morphée. En effet, le poète énumère, avec sa
verve ordinaire, en prodiguant les images
nobles, saisissantes, tous les moyens que le
destin a employés pour protéger le Dieu
sommeil. Chacun de ses sens est individuellement mis hors d'atteinte. Les ondes fangeuses
du fleuve de l'oubli, qui roulent devant les
portes rembourrées du Palais, rendent en
quelque sorte plus palpable le silence de la
nature. Des pavots lancent en secret dans
l'air des nuages d'effluves soporifiques. Un
hibou vigilant, glissant dans l'air comme un
spectre, éloigne l'oiseau de Vénus, et ne fait
pas même grâce aux papillons de son fils.

Ainsi que ce peintre si habile nous le
montre, en vers dont l'harmonie défie toute
traduction, le repos de l'être n'est complet

que lorsque chacun de ses sens est en quelque
sorte individuellement hors d'atteinte. Ce que
son pinceau permet de bien comprendre,
c'est que des organes peuvent être individuellement en action sans que les autres cessent
d'être plongés dans une sorte de sommeil
local. C'est seulement lorsque l'impression
qu'éprouve un sens atteint un certain degré
d'intensité, d'énergie, d'acuité, qu'elle ébranle
tout l'être et produit véritablement le réveil·

Jusqu'à ce que cet effet soit produit, l'on se
trouve, en quelque sorte, suspendu entre la
veille et le repos ; alors l'intellect éprouve les
sensations les plus bizarres, et transforme les
sensations qui lui arrivent de la façon la plus
étrange, mélangeant la réalité et la fantaisie au
gré de la folle de la maison.

C'est alors que se produisent toutes les circonstances singulières que la superstition ex-
ploite avec effronterie, qui ébranlent la conviction de l'homme le plus sage, lorsqu'il reconnaît quelque bizarre coïncidence, quelque singulière réminiscence, lorsque l'imagination surexcitée fait entrevoir la figure d'une
mère chérie dont on a été violemment séparé,
d'une amante adorée qui repose dans le sein
d'une terre lointaine, d'un fils dont on pleure le

trépas, d'une fille qui, à la fleur de l'âge, a cherché, comme Ophélia, une mort terrible au sein
des ondes.

Quel est le mortel favorisé des cieux jusqu'au
point de n'avoir jamais goûté les tortures de
ces moments d'angoisses, dans lesquels l'esprit
arrive, en quelque sorte, à douter de lui-même?
En effet, on se demande, non sans quelque
épouvante, si l'œil n'est pas le jouet de quelque
odieuse vision nocturne, ou si l'on n'est pas
surpris par quelque réalité véritablement écra-
sante! C'est ainsi que l'on voit parfois au
théâtre les acteurs en chair et en os, se mélanger avec les spectres du professeur Pepper.

Il y a des gens qui traversent la vie sous des
obsessions de ce genre, et qui ne savent jamais
discerner bien nettement les ombres des choses,
et les choses elles-mêmes; on pourrait les comparer à des passagers entraînés, au coucher du
soleil, dans un train lancé à toute vapeur, et
regardant une campagne tout à fait inconnue à
travers la glace qui garnit les portières. Quelques efforts qu'ils fassent, ils voient toujours
leurs compagnons de route, ainsi que leur
propre image, se mélanger aux objets qui se
succèdent le long de la voie ténébreuse; s'ils n'ont pas un degré d'attention bien simple,

mais cependant indispensable, ils confondront inévitablement les uns avec les autres, et se perdront dans des raisonnements miséra-bles.

La sultane des Mille et une Nuits nous trace, dans son *Dormeur éveillé*, un tableau charmant des illusions de ces pauvres diables, sé-duits par les prestiges de l'hypnôse. Ils se cou-chent comme l'infortuné Syrien dans le lit du commandeur des croyants ; qu'ils prennent garde de ne pas se réveiller, comme le pauvre Hassan, sous le nerf de bœuf du portier de l'hôpital des fous.

Ne peut-on pas comparer les divers sens de l'homme endormi aux différentes portes d'une forteresse, que les gardes ne sont point obligés d'ouvrir à la même heure ?

La prudence la plus vulgaire fait donc un devoir impérieux au philosophe véritablement digne de ce nom, d'exclure impitoyablement du répertoire de la science positive, toutes les observations faites dans un état de trouble in-tellectuel comme celui qui accompagne fatale-ment toute communication incomplète avec le monde extérieur. Si l'on en peut tenir compte, si l'on doit même les relever avec un soin mi-utieux, c'est dans les cas où elles conduisent

14.

à confirmer les résultats acquis à l'état de
veille.

Mais on mériterait mille fois les cabanons
des folles de la Salpêtrière, ou des fous de
Sainte-Anne, si on voulait s'en armer comme
d'un argument, pour contrecarrer des vérités
solidement assises.

Que dirait-on d'un explorateur qui, parcourant un pays inconnu, n'attacherait d'importance qu'à ce qu'il a vu pendant la durée du
crépuscule et de l'aurore, et qui s'obstinerait à
se boucher les yeux, pendant tout le temps que
le soleil inonderait l'atmosphère de ses rayons
bénis et vivifiants? Il n'y a pas de marchand
de miracles, qui ne rirait de sa folie. Cependant combien ne sont-ils pas plus téméraires
dans la méthode d'investigation qu'ils prati-
quent sur l'être humain lui-même, sur le sujet
le plus difficile à analyser, le plus capricieux,
le plus ténébreux, celui qui renferme en un mot
l'infini dans son cœur !

Mais, ce genre d'absurdité ne leur suffit pas.
Des directeurs de Revues dites scientifiques,
des écrivains qui se disent graves, des membres
de l'Institut, acceptent sans sourciller, sans
broncher, les plus ridicules racontars, quand
on vient leur dire que l'être endormi jouit de

propriétés dont l'être éveillé n'offrait pas souvent la moindre trace ; alors leur crédulité devient sans limites.

J'avoue que je suis très peu touché de la
manière dont Lucile supporte la piqûre d'une
épingle d'or, mais ce qui excite mon étonnement, ma stupéfaction même, c'est que tant
d'hommes, qui dans les affaires ordinaires de
la vie paraissent raisonnables, qui savent
compter sur leurs doigts, qui n'ont point oublié
l'orthographe, puissent entendre de sang-froid
des hérésies de semblable nature, et qui n'ont
qu'un bien petit fondement expérimental. On a
remarqué depuis longtemps, bien longtemps,
que les aveugles avaient l'ouïe et le tact plus
développés que les voyants, d'où l'on en a conclu qu'en s'endormant l'âme se concentre, et
que ses facultés s'augmentent tellement, qu'elles
peuvent, en quelque sorte, changer de nature.
C'est ce qui a fait supposer aux anciens, comme
nous l'avons rapporté, que pendant leur sommeil les héros étaient sensibles aux conseils de
la divinité, et que même il leur était donné de
l'entrevoir.

Cette opinion absurde a été trop longtemps
souveraine pour notre honneur. Battue en
brèche par Bayle, par Voltaire, par Diderot,

par tous les grands réveilleurs de xviii° siècle,
c'est celle qui existe au fond de la tête de tous
les endormeurs.

Les pratiques qu'ils recommandent sont
aussi niaises, que les conseils que me donnait
ma bonne en me couchant, quand elle me disait
de mettre sous mon oreiller le livre où était la
leçon que j'avais à apprendre par cœur, en
ayant soin, bien entendu, de marquer la page à
l'aide d'une corne faite dans un coin.

Quels sont les plus coupables des féticheurs
de l'Afrique australe, qui vont vendre la pluie
ou le beau temps dans les Kraal des Zoulous,
ou des féticheurs parisiens qui vendent des
grimaces en l'honneur de l'hypnôse.

Les sorciers de l'Afrique australe tirent
parti de leur expérience en matière de météo-
rologie que les augures du bureau central
feraient bien de consulter. De même, les confé-
renciers hypnotisants, fakirisants ou spirites,
exploitent un fait connu, et dont une multitude
de grands hommes ont profité, sans lequel il
n'y aurait probablement pas de grand homme.
Car, quelque bien que l'on soit doué par
la nature, il faut un effort intégral, un élan
de l'âme pour s'élever et planer au-dessus du
niveau commun, vulgaire.

On peut se demander si la concentration absolue de toutes les facultés, de toutes les forces créatrices, n'est pas rigoureusement indispensable à l'élaboration des idées nouvelles, à la création des conceptions véritablement personnelles, à la découverte des pensées mères qui, augmentant le patrimoine de l'humanité, enrichissent le terrain commun sur lequel travaillent les esprits de seconde catégorie.

Il arrive souvent que cette conquête d'un caractère si élevé ne s'effectue qu'au détriment des facultés de l'âme qui ne sont point directement en jeu. C'est ce qui a fait dire, non sans quelque raison, que le génie n'est qu'une forme de la folie. Que de preuves de folie manifeste ne trouve-t-on pas dans l'histoire de Dante, de Pétrarque, de Socrate, des plus grands, des plus sages, des plus illustres !

Que de ressources ont, non pas seulement les spirites et les endormeurs, mais les escamoteurs, les filous de toute espèce, les imposteurs de tout genre, pour se faire un appui, un ami, un champion de quiconque, par son talent, son éloquence, sa science, a conquis un rang illustre.

Laissons, quand nous ne pouvons pas les en empêcher, les misérables se glisser dans l'entourage des géants de la pensée, tirer parti de leur simplicité, de leur naïveté, de leur enthousiasme ; mais opposons-nous au moins, si nous ne pouvons mieux faire, à l'usage qu'ils veulent en faire, ne souffrons pas qu'on vienne s'armer de l'adhésion de quelques hommes de génie, de l'éloquence de quelques professeurs illustres, de l'adhésion de quelques hommes dont la France s'honore, pour nous condamner à accepter les absurdités visibles, palpables, qui les ont séduits, pour nous imposer le droit de soumettre notre raison au joug de leurs erreurs ; si nous sommes privés des sublimes jouissances que procure la gloire, qu'en revanche notre médiocrité soit une sauvegarde. Profitons-en pour avoir au moins du bon sens.

XVII

DES DIVERSES MANIÈRES D'ENDORMIR

XVII

DES DIVERSES MANIÈRES D'ENDORMIR

Le sommeil hypnotique produit, sur l'intelligence, des effets que l'on doit assimiler à ceux de l'ivresse, ou d'une folie transitoire, et qui échappent par conséquent à tout contrôle.

N'en est-il pas ainsi, lorsqu'un docteur hypnotisant nous annonce qu'il conduit l'esprit de sa somnambule au Jardin des Plantes, que celle-ci voit un lion sorti de sa cage, et que l'impression est si vive, qu'endormie de nouveau, elle fait spontanément le même rêve? Qui peut espérer la constatation d'un fait de semblable nature? Qui nous garantira la réalité de toute histoire du même genre? On présente une canne à un chanteur hypnotisé qui a été dans l'armée pendant la guerre franco-allemande. Cet individu prend la canne et, comme s'il avait un fusil, se couche à plat ventre et tire. Si on lui met dans les mains un rouleau de papiers et que l'on fasse passer une chandelle devant ses yeux, il ouvre son rouleau et chante, se rappelant que depuis la paix, il fait partie d'une troupe d'un café-concert... Est-il la peine de faire remarquer qu'on ne peut faire passer une chandelle devant ses yeux sans qu'il aperçoive une lueur qui lui apprend ce qu'on attend qu'il fasse ?

Que dire de M. Dumontpaillier qui nous décrit un individu suggestionné à la fois par deux docteurs, l'un qui lui souffle des idées gaies dans l'oreille droite, et l'autre des idées sombres dans l'oreille gauche? Pris entre deux magnétiseurs, il obéit à chacun et fait une grimace qui rappelle celle de Jean-qui-pleure et de Jean-qui-rit.

Cependant, c'est en assaisonnant de merveilles de ce genre les histoires de sommeil provoqué qu'on arrive à leur donner quelque sel, car la faculté d'endormir, même celle qui commencerait par s'exercer sur le lecteur, n'a jamais flatté l'ambition d'aucun.

La cause la plus ordinaire du sommeil est naturellement la fatigue, que cet acte est des-

tiné à faire disparaître. C'est le besoin du repos qui attire et provoque le repos dans l'ordre
logique et normal des harmonies vitales. Mais
ce serait se tromper grossièrement que de
croire que la fatigue est la cause unique de cet
état particulier, dans lequel les forces sont
restituées d'une façon complète. Il serait difficile d'énumérer toutes les influences physiques qui le provoquent et qui l'amènent, tant
elles sont nombreuses et puissantes. Sans
avoir la prétention d'en tracer un tableau complet, il est indispensable d'en invoquer quelques-unes, afin de diminuer l'étonnement naïf
que l'on éprouve, lorsque l'on voit qu'un opérateur peut en apparence jeter instantanément
un être humain dans la plus complète torpeur.

Des observations faites sur des animaux et
sur des hommes dont le cerveau avait été mis
à découvert à l'aide d'ouvertures pratiquées
dans la boîte osseuse, ont permis de constater
que, pendant le sommeil, la circulation est
moins active. Il en résulte que toutes les circonstances qui diminuent l'activité de l'afflux
du sang dans la masse encéphalique, sont favorables à l'établissement de la somnolence,
ou même d'un état léthargique.

C'est ainsi que l'on a vu Damiens, qui avait

déjà perdu du sang en abondance, s'endormir
sur sa roue, pendant que le bourreau se repo-
sait, avant de lui faire éprouver les dernières
tortures qu'il avait été condamné à subir.

Les ouvrages de chirurgie citent plusieurs
exemples de sommeil survenu pendant des
opérations douloureuses, la diminution de la
quantité de sang contenue dans le système cir-
culatoire produisant spontanément un effet
analogue à celui de l'inhalation du chloroforme.

L'action du froid donne naissance à un
anéantissement de même nature qui ne tarde
point à amener la mort. Nous avons failli être
victime d'un accident de ce genre dans une
ascension que nous avons exécutée au mont
Rose. Nous étant assis un instant sur une
roche voisine de la *Hochste-Spitze*, nous sommes presque immédiatement tombé dans un
profond sommeil, dont nous n'avons été tiré
que par le dévouement de nos deux guides,
qui nous ont réveillé en nous précipitant le
long de la pente que nous avions eu tant de
peine à gravir. Notre accès de somnolence
était d'autant plus remarquable qu'au moment
où nous nous sommes engourdi, nous éprou-
vions aux extrémités inférieures des douleurs

fort vives, et que cette sensation pénible ne nous avait pas empêché de perdre temporairement la notion de notre être.

Une fois éveillé, les douleurs ont repris plus vives, et nous nous sommes traîné jusqu'à l'hôtel du Riffel, où nous avons reconnu que nos pieds avaient été atteints d'une congélation qui fut fort longue et fort difficile à guérir.

En vertu des mêmes principes physiques, il est facile de comprendre que des individus, dont le sang est pauvre et la circulation lente, paresseuse, cèdent plus facilement que des organisations plus généreuses, à des influences de nature à amener la somnolence. Le moindre arrêt dans le mouvement du cœur, tel que celui que produit une sensation vive bien qu'imprévue, suffit pour provoquer un accès de sommeil. Il n'y a pas besoin d'invoquer des principes nouveaux, mystérieux, d'avoir recours à l'intervention de forces surnaturelles pour comprendre que des femmes épuisées, très anémiques, et sujettes à des accès cataleptiques s'évanouissent, sous l'influence d'un geste, surtout si elles ont le désir et la volonté ferme de tomber en crise, si elles ont une longue pratique de cet art néfaste, si les médecins, dont la mission est de les rendre à la santé, et de rétablir leurs facultés dans leur état normal, s'attachent à cultiver et à développer les affections dont elles souffrent.

« Tâchez de dormir, mon enfant, » disaient naïvement notre mère ou notre bonne, quand nous nous plaignions de n'y pouvoir parvenir. Ni l'une, ni l'autre, ne se doutaient qu'en parlant de la sorte, elles faisaient toute la théorie de l'hypnotisme, et renversaient de fond en comble les sophismes à l'aide desquels on veut nous persuader qu'un enchanteur possède la puissance de nous faire prendre, au nom de la raison, « des vessies pour des lanternes ».

Le docteur Carpentier donne même, dans sa *Physiologie mentale*, une série de préceptes excellents, dont il est facile de faire usage pour provoquer le sommeil quand il fuit nos paupières.

Le premier est purement mécanique, il consiste à arrêter artificiellement, ou plus exactement, à ralentir le mouvement sanguin vers l'encéphale.

Un pareil procédé ne peut être employé sans ménagement dans une séance d'hypnotisme, où l'on ne tolérerait point qu'une somnambule exerçât une compression sur les veines qui emportent le sang du cerveau, mais tout ce qui

ralentit le mouvement du sang est une cause
de sommeil, soit qu'il s'agisse des hommes,
soit que l'on opère sur les animaux.

C'est ainsi qu'on peut expliquer, très bien expliquer par la peur, la paralysie du poulet dont
on tient fortement les pattes, et à qui l'on présente le doigt juste entre les deux yeux d'une
façon menaçante.

Il ne serait pas non plus étonnant que l'on
parvînt à l'endormir si on l'obligeait à regarder pendant quelque temps un point blanc
tracé sur une ligne noire. Le sommeil vien-
drait dans ce cas non pas parce que le point
fixé serait blanc, mais parce que l'on ne saurait
tenir la tête de l'oiseau sans serrer le cou de
manière à comprimer les veines qui rapportent
le sang de la circulation cérébrale.

Les mêmes principes suffisent du reste pour
expliquer un tour d'escamotage permettant à
un sujet de s'endormir, seul, et sans magnétiseur, pour peu qu'il y soit disposé. Il consiste à tenir les yeux fixes, immobiles pendant
un certain temps. En effet, surtout si la fausse
somnambule prend une attitude langoureuse
et penchée, les muscles qui soutiennent la tête
dans une position peu ordinaire éprouvent une
contraction tout à fait exceptionnelle. La

touchante attitude peut être adroitement combinée, de sorte que le changement de volume de la masse du cou produise une compression convenable de vaisseaux sanguins assez nombreux, assez importants, pour amener un rallentissement suffisant de la circulation encéphalique.

L'anatomie est une science positive qui a rendu d'immenses services à l'humanité, mais qui est susceptible d'être employée par d'indignes farceurs pour étayer leurs fraudes par des prestiges aussi menteurs que ceux des similijeûneurs.

Ces tours d'exercice hypnotiques sont d'autant plus faciles à exécuter, de nos jours, que l'électrisation locale des muscles, à l'aide de courants gradués, permet de leur imprimer automatiquement certains mouvements, qui, par suite d'une sorte de développement progressif de leur contractibilité élémentaire, sont suceptibles d'être mis à la disposition de l'intelligence.

Il y a bien d'autres trucs que les endormeurs négligent d'indiquer, pour cause, dans leurs livres, et dont l'efficacité est moins contestable que celle de leurs suggestions chimériques.

L'un est de répéter mentalement certains

nombres de sorte que la monotonie de l'opération produit un véritable engourdissement.

Pourquoi ne parlerions-nous pas aussi des narcotiques que l'on peut administrer, comme une sorte de *compelle intrare*, afin de rendre les phénomènes plus frappants? La série en est longue. Elle ne commence même pas à l'opium et ne finit point au Haschich.

Quel est l'endormeur qui n'a entendu parler de l'état particulier que produit l'usage immodéré des spiritueux, état pathologique tellement bien défini qu'on lui a consacré un nom particulier, et qu'on le nomme *l'alcoolisme?* Quel est l'hypnotiseur qui ne sait combien la moindre goutte est susceptible de troubler les malheureux qui sont atteints de ce délire? A qui fera-t-on croire qu'on ne peut utiliser ces dispositions pour provoquer le sommeil?

Croit-on que les charlatans qui courent les foires, les théâtres, les salons, et quelquefois les réunions scientifiques, reculent devant des agents si faciles à mettre en œuvre? Il serait pour le moins téméraire de l'annoncer, quand il suffit de faire exécuter quelques grimaces à une comparse bien douée pour devenir célèbre avec elle, pour escalader une réputation

15.

que de vaillants chercheurs n'ont pu conquérir à la sueur de leur front, et qui manque le plus souvent pour couronner l'édifice de toute une vie de labeurs!

On ne saurait citer les prêtres d'une seule idole, qui aient jamais négligé d'utiliser au profit de leur divinité, les connaissances scientifiques dont ils avaient le secret. De quel droit prétendrait-on que les apôtres du magnétisme doivent avoir plus de conscience?

Malgré cela nous ne demanderions pas mieux de leur faire cette concession, de les croire sur parole, s'ils ne voulaient nous amener à admettre des conséquences tellement absurdes qu'ils obligent notre raison à s'insurger contre notre bonne volonté.

Quand nous rejetons en bloc, et sans hésiter, les assertions des martyrs, des confesseurs, et de toute la légion fulminante, nous ne pouvons courber notre front devant les hypnotiseurs.

Personne n'oserait soutenir le contraire, si l'on n'avait accompagné le sommeil provoqué d'un cortège d'effets chimériques, attribués à une force incompréhensible. Le fait d'endormir n'a d'importance que parce que l'on suppose que l'être endormi par l'hypnôse est dans un état qui lui permet d'accomplir des actes extraordinaires. Sans cela, la question de médecine et de chirurgie qui se trouve soulevée par les endormeurs, n'aurait excité aucun enthousiasme, et ne serait pas sortie du cercle des médecins ou des opérateurs ; on ne se serait pas passionné pour les démonstrations cliniques, on n'aurait point érigé les somnambules d'hôpital en véritables prêtresses, dont les paroles ou les convulsions énigmatiques doivent servir à ériger une science nouvelle.

M. M. Charcot et Richet ont présenté à l'Académie des sciences un magnifique volume illustré, intitulé les *Démoniaques interprétés dans l'art.*

Tous les membres de la savante compagnie ont admiré avec beaucoup d'intérêt une publication qui est un véritable chef-d'œuvre d'érudition et de patience. Les artistes n'accueilleront pas avec moins de faveur une collection unique dans laquelle ils retrouveront côte à côte les *possédés* peints par Rubens, Raphaël, le Dominicain, André del Sarte. Nous ne pouvons nous empêcher d'exprimer notre reconnaissance pour la peine que les savants auteurs ont prise.

Nous ne nous attendions pas qu'ils vien-

draient compléter nos démonstrations en prou-
vant matériellement l'idendité des démoniaques et des grandes hystériques. En effet, en
voyant combien les uns et les autres se ressemblent il est impossible de ne pas reconnaître que
les docteurs matérialistes du XVIII°siècle sont
fatalement le jouet des mêmes illusions, des
mêmes erreurs et des mêmes jongleries que
les inquisiteurs des siècles précédents. A
moins de soutenir que Bodin a eu raison dans
la *Démonologie,* on ne peut s'empêcher d'affirmer que le docteur Richet se trompe dans sa
Revue scientifique.

Ajoutons que la plupart des maîtres dont
on invoque le nom, n'avaient pas sous leurs
yeux de véritables hystériques, mais des mo-
dèles d'atelier, dont le métier est de simuler
de leur mieux les sentiments qu'on leur
demande à tant par heure. Ce n'est donc point
à l'aide de cette nouvelle publication, que
les médecins de la Salpêtrière trouveront le
moyen de faire descendre leur speculum jusque
dans les profondeurs de la conscience de leurs
pensionnaires.

XVIII

L'AIGUILLE DES HYSTÉRIQUES

XVIII

L'AIGUILLE DES HYSTÉRIQUES

Il fut un temps où l'aiguille aimantée, qui
possède le pouvoir merveilleux, paradoxal, de
se tourner vers le nord, excitait au plus haut
degré l'admiration publique. Tous les savants
demeuraient d'accord pour déclarer que cette
merveille dépassait presque la portée de l'intelligence humaine. Les plus illustres physiciens
disaient hautement qu'elle était le premier
maillon de la chaîne qui rattache le ciel à la
terre. Le père Kircher, pour ne citer qu'un
exemple, enflammé par cette idée, a écrit la
Magie magnétique, ouvrage véritablement
admirable, surtout si l'on tient compte de la
difficulté avec laquelle les savants du milieu
du XVIIᵉ siècle pouvaient se procurer des ai-

mants d'une force sufûsante pour étudier facilement leur nature.

Mais on a changé tout cela. Les merveilles
de l'aiguille aimantée n'inspirent plus nos
physiciens, ce qui enflamme leur enthousiasme,
c'en est une autre, celle que l'on peut planter
dans le bras d'une fille ; celle qui fait courir
les populations enthousiastes, c'est l'aiguille
des hystériques, laquelle fait oublier jusqu'aux
diatribes de Molière contre Diafoirus et
consorts.

A ceux qui s'aviseraient de douter de la
réalité des crises, et qui émettraient les plus
légers doutes, on opposerait l'aiguille des hystériques, le spectacle de cette aiguille que
Lucile tenant son bras contracturé promène
triomphalement dans toutes les salles de
spectacle.

Il y a de temps en temps dans les foires des
femmes qui se livrent à cet exercice sublime.
Nous en avons rencontré une à la Foire aux
pains d'épice. La pauvrette semblait très
débile et très malheureuse. Ayant assisté à
plusieurs de ses représentations, et lui ayant
manifesté quelque sympathie, accompagnée
de plusieurs pièces de monnaie, nous reçu-
mes ses confidences. Elle nous apprit ce

que j'avais très aisément deviné, qu'elle ne dormait pas du tout, mais faisait semblant de tomber en crise. Ce qui était vrai c'est qu'elle contracturait volontairement ses membres, se crispait épouvantablement, ce qui la fatiguait fort, et développait la phthisie dont elle était attaquée, mais la difficulté était de se soustraire au Barnum qui l'exploitait de toute manière. Le truc de l'aiguille, qui excite à un tel point l'étonnement des badeaux, n'était, à vrai dire, que le cadet de ses soucis... Je me retirai le cœur navré et comprenant ce qu'un habit pailleté peut recouvrir de misère !

L'insensibilité du sujet lorsqu'on lui traverse le bras, n'est point bien difficile à expliquer, à l'aide de considérations anatomiques très sommaires. En effet, la masse musculaire est par elle-même parfaitement insensible. C'est précisément parce qu'il l'a faite telle, que l'auteur de la nature est parvenu à la traverser par des filets nerveux qui portent la sensation à la périphérie du corps. On doit même ajouter, pour compléter la démonstration, que les fonctions de la vie de relation seraient impossibles si la substance musculaire avait été douée directement de sensibilité. Car l'intellect serait à chaque instant troublé par les sensations que le mouvement du sang lui ferait éprouver, et la circulation n'aurait pas été découverte, soit par Paolo Sarpi, soit par Harvey, mais par Adam lui-même.

La conséquence immédiate, c'est que la fameuse épingle peut perforer la masse musculaire, sans produire aucune sensation si l'opérateur prend soin de ne rencontrer aucun filet nerveux sur son passage.

La seule sensation qu'il reste à épargner au sujet est donc celle qui résulte de la perforation de l'épiderme, mais cette dernière est si légère qu'il est facile de s'y habituer et d'en triompher, comme le faisait la pauvre phthisique de la foire aux pains d'épice. On n'a pas droit aux mêmes éloges que le héros romain qui laissa consumer son poing sur le bûcher de Porsenna, sans donner le moindre signe apparent de sensibilité.

Rien n'est plus aisé que de diminuer cette impression du passage de la peau, quand l'on a recours à une préparation chimique. Il suffit de faire macérer la pièce dans du chloroforme. La petite quantité que l'attraction du fer sur le liquide retiendra toujours à sa surface ne sera pas suffisante, pour affecter l'odorat des spectateurs, mais elle sera assez grande pour engourdir l'épiderme. Nous pensons qu'il sera plus simple, si l'on n'a point à redouter la surveillance de ceux qui avoisinent la Lucile, d'humecter la peau dans l'endroit choisi, avec un peu de chloroforme.

Mais les admirateurs de ce tour d'escamotage ont une autre raison pour imposer la surprise. Ils font remarquer que le sang ne coule pas.

Même chez les sujets les plus vigoureux l'écoulement sanguin serait très faible avec une aiguille d'une finesse suffisante puisqu'on ne perfore que des vaisseaux capillaires. Mais faut-il s'étonner qu'il ne sorte rien d'une plaie si petite lorsque l'on s'adresse à un sujet lymphatique rongé de scrofule, prenant soin de ne pas fléchir le bras, de le garder en état de contracture volontaire, qui rend la circulation locale excessivement lente.

Cette expérience est, comme on le voit, bien moins étonnante que celles que l'on décrit dans les ouvrages spéciaux, tels que celui de M. Regnard sur la *Sorcellerie, le Magnétisme, le Morphinisme*, où l'on a reproduit un grand nombre de photographies intéressantes. Mais elle produit plus d'effet que ces tours dont quelques-uns sont certainement fort curieux mais trop horribles, pour qu'ils passent jamais sur les scènes.

C'est l'aiguille de Donato, plus que les convulsions de la Salpêtrière, qui a décidé de la victoire temporaire de l'hypnotisme. C'est à Donato que revient la gloire des derniers triomphes de l'hypnôse.

En réalité, peu de gens se laissent toucher ou convaincre par le raisonnement que nous voyons reproduit chez tous les docteurs hypnotisants pour échauffer l'enthousiasme.

« Une femme sera restée confinée au lit, pendant plusieurs mois, tout à fait incapable de se servir de ses membres inférieurs. Le médecin aura abandonné tout espoir de lui être secourable, lorsque tout à coup, sous l'influence d'une cause morale puissante, on la verra sortir de son lit et se mettre à marcher tout aussi bien que si elle n'avait jamais été atteinte de paralysie. »

Nous avouons que le premier effet de cette guérison, en admettant que nous ayons des causes pour la croire véridique, sera, après la satisfaction de voir un être humain revenu à la santé, de nous donner une très médiocre opinion du docteur qui a déclaré la maladie incurable, et s'il nous arrive d'être atteint d'une affection analogue, nous nous efforcerons d'en consulter un plus clairvoyant.

En tout cas, cette guérison serait renouvelée tous les jours, qu'elle ne prouverait rien de plus pour les théories de l'école, qui veut abolir la liberté humaine et la philosophie spiritualiste, que la réalité des miracles de saint Médard n'eût prouvé, dans le cas où le conseiller Montgeron l'aurait établie, la nécessité de rapporter la bulle *Unigenitus*.

La liaison entre les faits douteux que l'on affirme avec une audace singulière et la théorie que l'on nous présente n'existe que dans l'imagination des rêveurs. C'est abuser une fois de plus de notre crédulité que de prétendre qu'on peut passer des uns aux autres par une chaine de déductions logiques. Ce n'est qu'après avoir épuisé toutes les ressources de la dialectique que l'on devrait avoir recours à l'hypothèse de la suggestion, par voie de transmission de la pensée. Car, de tous les faits merveilleux allégués dans les traités qui s'occupent de l'hypnôse, c'est certainement celui qui répugne le plus à notre raison. Comment se fait-il qu'on saute à pieds joints sur cette explication, et sans hésitation? La raison en est malheureusement facile à deviner, c'est qu'il semble que

cette assertion extravagante soit la sanction, la
garantie expérimentale, le couronnement de
l'édifice de la physique matérialiste, qui explique tout par la transmission du mouvement
de proche en proche.

Le mouvement cogitationnel engendré dans
la masse cérébrale de M. Richet, se transmet-
tant à la masse cérébrale de ses somnambules,
y produit une pensée identique à la pensée gé-
nératrice. Comme cette pensée implique un
ordre donné aux muscles de la vie de relation
les muscles obéissent et le somnambule exé-
cute les mouvements ordonnés, de la même
manière que si l'injonction avait été formulée
par son propre encéphale.

C'est cette idée qui charme des hommes savants, intelligents, mais emportés par l'esprit
de secte, et acceptant les yeux fermés une
expérience qui leur paraît décisive. En effet,
quel moyen de douter encore que le mouvement
soit tout dans le monde, si l'on arrive à expliquer à son aise jusqu'à la génération de la
pensée elle-même, si l'on voit celle qui a été
sécrétée dans un cerveau, passer matériellement dans le cerveau d'un autre ; si on la suit
pas à pas, comme la vibration produite par un
archet, depuis la corde jusqu'à l'oreille.

Si vous demandez comment il se fait que
l'encéphale du somnambule soit assez sensible
pour se mettre en branle sous l'impression d'une
vibration extérieure, probablement affaiblie
par la distance et par la nécessité de franchir
des parois osseuses, la réponse est toute prête.

On vous dira que la propriété particulière du
sommeil artificiel est de donner au cerveau une
sensibilité excessive à laquelle on a réservé un
nom, tiré du grec, l'*hyperesthésie*. L'on ajoutera
que les preuves de cette hypéresthésie sont four-
nies par les expériences des somnambules, qui
voient les objets cachés à l'aide des rayons qui
en émanent et traversent les espaces molécu-
laires. On soutiendra que des démonstrations
inattendues ont été données par les malades
qui sont purgés par des drogues renfermées
dans des tubes de verre. Mais si on demande
comment il se fait que la vibration cogitative
se transmette à distance, s'il y a un milieu
spécial pour le transport des vibrations auxquelles elle donne lieu, on répondra sans doute
que l'on n'a point encore songé à résoudre cette
difficulté, que cependant il est probable que ce
transport s'effectue à l'aide de l'éther des physiciens, ce maître Jacques de la physique moderne.

Mais cet abus de l'hypothèse, cette débauche
de suppositions gratuites, ont fatigué les hommes voués à la culture de la physique, et de
la physiologie. Les plus confiants dans l'avenir se sont sentis alarmés...

Jamais M. Louis Figuier n'avait daigné
entretenir ses lecteurs de toutes les fadaises,
que l'on débite sur l'hypnôse, mais dans le
trentième volume de l'*Année scientifique*, que
vient de publier la maison Hachette, cet auteur célèbre à si juste titre, a compris qu'il
devait à sa réputation de protester contre l'invasion des croyances absurdes, qui font tant
de ravages de nos jours. Ce maître de l'art d'é-
crire pour le peuple a exprimé son indignation
en termes que nous craindrions d'affaiblir si
nous ne faisions suivre son éloquente philippi-
que de l'énumération des absurdités qu'il a
cueillies, qu'il a piquées comme nous au hasard
de la fourchette, dans le tas des assertions gro-
tesques énumérées solennellement par des docteurs, dont la raison est véritablement bien
malade.

XIX

L'EMPLOI DU CALCUL DES PROBABILITÉS DANS LES DÉMONSTRATIONS HYPNO- TIQUES

XIX

L'EMPLOI DU CALCUL DES PROBABILITÉS DANS LES DÉMONSTRATIONS HYPNOTIQUES

Malgré le talent avec lequel ces considérations sont développées, il est indispensable, pour réduire le nombre des sceptiques, d'apporter quelques preuves matérielles plus palpables que les assertions et les contorsions des hystériques. C'est ce qui fait que l'on a présenté les observations relatives à l'effet des médicaments imaginaires, aux vésicatoires dans lesquels il n'entre pas le moindre atome de cantharide, et qui se posent avec un pain à cacheter, à la puissance du tube vide, dans lequel on n'a point mis d'émétique, et qui cependant fait vomir, et que l'on a régalé les lecteurs des journaux médicaux de ces exercices pharmaceutiques dignes de ceux des jeûneuses stigmatisées, qui offrent de saintes pustules aux endroits où le Christ a eu les membres perforés par les clous des bourreaux.

Mais en admettant que tous ces récits soient parfaitement véridiques, qu'il n'y ait ni exagération, ni simulation, ni fraude d'aucune espèce, que les patients ni les docteurs n'aient à la dérobée appliqué ou absorbé les substances convenables,qu'il n'y ait eu à leur disposition ni poil à gratter, ni aucun truc, destiné à faciliter les effets de l'imagination, il resterait encore à démontrer que tout cet étalage a une portée scientifique. Aussi M. Paul Richet a-t-il imaginé une preuve directe empruntée au calcul des probabilités, algorithme mathématique, dont Laplace a fait si largement usage dans son *Système du monde*.

Complétant d'une façon imprévue les divers systèmes électriques imaginés pour contrôler la bonne foi des somnambules, l'auteur imagina un système de sonnerie, mû par un courant galvanique, qui prévenait chaque fois qu'une table, devant laquelle trois individus hypnotisés étaient assis, se mettait en branle.

Ce phénomène devait se produire lorsqu'un individu qui épelait à haute voix l'alphabet arrivait à la lettre qu'un cinquième personnage devait enregistrer pour que le résultat formât le mot pensé par M. Richet, ou par un sixième opérateur, pourvu de la puissance *suggestionniste*, c'est-à-dire sachant infuser à distance, dans le cerveau des opérateurs, l'idée de remuer la table au moment ou l'on épelait une lettre convenable.

Au point de vue électrique, on doit reconnaître qu'il n'y rien à reprocher aux dispositions adoptées par M. Richet. Tout était parfaitement en règle. Il était impossible de donner à la table la moindre impulsion, sans que l'on en fût averti sur-le-champ. Évidemment ce qui a frappé le lecteur le plus prévenu en faveur de l'hypnôse, c'est l'extrême complication d'une méthode qui, pour la constatation d'un fait aussi délicat, nous dirons même aussi fugace, ne demande pas moins que le concours de six opérateurs, dont deux seuls peuvent être dans une disposition d'esprit quelconque. En effet, si le secrétaire et le lecteur ne sont tenus que d'une dose d'attention tout à fait vulgaire, il n'en est pas de même des quatre autres. Trois doivent être sous l'influence de l'hypnôse, c'est-à-dire en état somnambulique, et le quatrième doit avoir la puissance cérébrale nécessaire pour que les vibrations de son cerveau *retentissent* dans les encéphales de ses esclaves intellectuels. Ce qui ne laisse pas que d'exciter notre surprise au milieu de ces merveilles, c'est que M. Richet n'est pas le seul à posséder ce pouvoir mystérieux, mais il a été partagé indifféremment par plusieurs des personnes mises en action, comme si cette faculté que les Descartes, les Leibnitz, n'exercent que par l'intermédiaire de l'invention du langage, de l'écriture et de l'imprimerie, était devenue vulgaire de notre temps, et si le premier venu pouvait s'en servir aussi facilement qu'il avale un verre d'eau.

Nous n'en finirions pas si nous voulions examiner le détail des objections que le bon sens suscite, nous ne ferons qu'une simple remarque sur les faits d'expérience car elle nous paraît fort suffisante.

Les mots pensés étaient : 1° Racine, 2° Legros, 3° Esther, 4° Henriette, 5° Cheuvreux, 6° Doremond, 7° Chevalon, 8° Allouard.

Les mots devinés furent dans le même ordre 1° Ifard, 2° Mfhssn, 3° Foqdem, 4° Higvesmet, 5° Dervarey, 6° Epjyesiod, 7° Gheval, 8° Zko.

A l'exception de l'avant-dernier les mots devinés n'offraient aucun sens, aucune analogie

avec les mots pensés. Le calcul des probabilités
semble donc établir d'une façon triomphante,
la bonne foi en même temps que l'impuissance
des personnes qui ont donné six suggestions,
mais il n'en est pas du tout de même lorsque
M. G. F. s'en charge, car Cheval est si voisin
de Chevalon que l'on peut en tirer la conclusion
qu'il est survenu dans ce cas isolé, si distinct
des autres, une circonstance extraordinaire.
L'hypothèse de la simulation est celle qui se
présente la première. M. Richet est bien loin
de l'écarter quand il dit :

« Dans l'expérience qui a été la plus remarquable, la probabilité de dire exactement six
lettres de suite « *celles de cheval*,» est de 1 sur
160 millions d'épreuves. Il en résulte que cette
épreuve conduirait à la certitude, si une seule
épreuve pouvait suffire. »

La valeur de cette expérience est-elle suffisante pour nous obliger à admettre par respect
pour le calcul des probabilités, que la table qui
a répondu Ifarda deviné qu'on lui disait Racine ;
que lorsqu'elle a dicté M f h s s n elle a su qu'on
lui parlait de Legros, que Foqdem peut passer
pour Esther et Higvesmet pour Henriette ?

Cette circonstance, si l'esprit de système
n'avait agi sur l'auteur, l'aurait sans doute

conduit à appliquer avec plus de modération
la même méthode de calcul à cette épreuve et
aux autres. Mais l'auteur a beau dire : « Les cinq
personnes avec qui j'ai fait ces expériences
sont cinq de mes amis, amis d'enfance,
hommes instruits, intelligents, nullement mystiques, en qui j'ai absolue confiance, » parvien-
dra-t-il à inspirer cette confiance absolue à ses
lecteurs, pour cette expérience donnant 160
millions de chances contre une en faveur de
l'assertion la plus renversante, qui ait été
jamais articulée, assertion contre laquelle la
raison s'insurge avec toute l'autorité des sages
qui l'ont cultivée depuis que la philosophie est
descendue du ciel sur la terre ?

En effet, comme l'a dit avec une grande
énergie, et en termes excellents, M. Gautier,
dans la première leçon du cours de chimie
biologique de la Faculté de Paris, les êtres
vivants et surtout les êtres pensants échappent dans la partie supérieure de leur être
aux lois qui régissent la matière inerte.

Il est vrai, leur vie matérielle est produite
en vertu de l'énergie empruntée aux actions
mécaniques et chimiques dont leur corps est
incontestablement le siège. Ils ne créent point
cette énergie, mais ils sont aptes à s'en servir

pour exercer des fonctions d'une nature évidemment supérieure.

La pensée ne peut se produire sans la multitude d'appareils compliqués qui constituent notre corps, mais elle n'est pas une fonction du corps, elle est une fonction de l'âme ; elle n'est pas le résultat de vibrations ou de chocs, ni de transformation de chaleur, mais l'acte distinct, précis, formel d'un être libre, dans ses manifestations intellectuelles. Ce qui le prouve, c'est qu'elle n'est limitée ni par le temps, ni par l'espace. C'est qu'elle s'applique avec une facilité pareille à l'atome et aux soleils. Elle ne procède point par approximation, mais par affirmation et négation successives! Elle lance au loin ses rayons, elle éclaire parfois tout l'horizon des siècles de lueurs fécondes. Ses concepts spéciaux, propres, élémentaires, ne sont pas seulement ceux de quantité, de grandeur, de nombre, d'espace, mais aussi ceux de vrai ou de faux, de bien et de mal, qui ne donnent lieu à aucune espèce de mesure.

Elle nous écarte de l'animal, de la brute, qui ne saurait avoir de morale parce qu'elle fait vibrer en nous l'instinct de l'absolu, de l'éternel, que la brute ignore. Elle s'engen-

dre par un effort de création, dans lequel le
philosophe reconnaît l'usage de l'immense
effort de l'auteur des mondes lorsqu'il voulut
énergiquement la nature ; elle nous rapproche
de la source de toute vie, de tout amour, de
toute justice, même peut-être lorsqu'elle nous
conduit, par un écart détestable, à blasphémer
sa providence ; car ces excès même sont le témoignage vivant de l'entière liberté de ceux
qui se plaisent à lui rendre hommage.

Quoi, c'est avec le calcul des probabilités
pour toutes armes que l'on veut nous conduire
à compter ses vibrations, à en mesurer l'ampli-
tude, à en déterminer la fréquence, à en calculer la longueur d'onde! Bientôt sans doute
on viendra nous apporter les lentilles qui la
réfractent et la concentrent, les substances chimiques qui la teignent ; on nous dira les tem-
pératures favorables à son retentissement, les
effets que produit la superposition de l'onde
qui l'exalte ou l'éteint suivant le synchronisme
des phases, on aura la mesure de son indice de
réfraction. C'est sans doute à ces recherches, et
à beaucoup d'autres de même espèce que les
académies de médecine de l'avenir réserveront
leurs loisirs.

Mais ces absurdités, qui entreront dans les

programmes quand on aura raturé le verdict
de 1840, ne sont pas les seules que nous ayons
à redouter si l'on concède la validité de la démonstration apportée par le rédacteur en chef
de la *Revue scientifique*. En effet, ses coreli-
gionnaires s'empressent d'en tirer une multitude de circonstances pratiques, au point de
vue de la morale et de la législation. Ces co-
rollaires ne sont pas moins monstrueux, et ils
auraient certainement dû faire réfléchir les
adeptes, si l'esprit entraîné par la passion
n'arrivait à un genre de cécité particulier, dont
les querelles théologiques nous ont offert trop
d'exemples, pour qu'aucun excès de polémique
doive nous surprendre. Hélas, malgré l'exagération évidente de ces théories, les erreurs
de jugement que nous signalons font songer
aux aberrations de ces Grecs de Byzance, qui
ne voyaient point d'objet plus intéressant que
de discuter sur la nature du Saint-Esprit
pendant que les musulmans assiégeaient le dernier refuge de leur indépendance, et que Cons-
tantin Porphyrogénète, digne de sa naissance et
de son rang, versait son sang glorieux pour la
défense de leurs murailles.

Occupons-nous d'objets plus dignes d'exciter
l'enthousiasme de la jeunesse. Au moment où

le canon prussien peut venir nous réveiller brusquement, ne laissons pas la génération virile entre les mains des Endormeurs.

Les époques de décadence sont seules favorables à l'éclosion de superstitions semblables à des plantes empoisonnées qui grandissent dans les ténèbres. Au milieu des glorieux périls de la Liberté, ne conservons pas les illusions de la servitude ! Laissons ces hochets aux peuple qui acceptent leur esclavage et ne se servent de leur souveraineté que pour acclamer le plus infâme des maîtres.

XX

DES CONSÉQUENCES MORALES ET SOCIALES DE L'HYPNOTISME

XX

DES CONSÉQUENCES MORALES ET SOCIALES DE L'HYPNOTISME

L'on aura beau affirmer que pendant qu'il est plongé dans un sommeil artificiel « le sujet hypnotisé est une pâte molle, un chiffon inconscient, à la merci du premier venu »; toutes ces expressions, et beaucoup d'autres semblables, ne donneront pas à un état imaginaire des propriétés réelles. Mais la femme hypnotisée n'a pas besoin de dormir réellement pour que la force de résistance à un acte indécent et immoral soit diminuée, puisque par elle-même la magnétisation peut fort bien être considérée comme étant une sorte d'excitation à la débauche. Les hypnotisants l'avouent très bien lorsqu'il comparent leurs sujets aux sorcières du moyen-âge. En effet, s'il est inutile de faire re=

marquer qu'elles ne se rendaient point au sabbat sur des manches à balai, il ne l'est pas de
rappeler que le sabbat en lui-même était fort
immoral, et que l'on avait d'excellentes raisons
pour punir ceux qui y prenaient part.

Laissons donc dans les chinoiseries judiciaires le fameux rapport du docteur Brouar-
del, sur la question de savoir si un charlatan
magnétiseur a pu faire violence à une somnambule, sans que celle-ci en ait conscience,
mais tenons nous-en aux sages conclusions de
Bailly, pour nous étonner que la justice n'in-
tervienne pas plus souvent dans des spectacles,
qui sont très préjudiciables à la pureté des
mœurs. Quelque opinion que les lumières de
la médecine légale puissent avoir sur le magnétisme elles seront probablement unanimes
pour déclarer que la propagation de ces pratiques est loin d'être favorable au peuplement
de la France, et elles confesseront que les endormeurs de toute espèce de catégorie doivent
être rangés parmi les pires ennemis de la
régénération de la Patrie. M. Gilles de la
Tourette, un des plus récents auteurs qui
aient écrit sur l'hypnôse, reconnaît dans son
« *Hypnotisme et les États analogues* » qu'après
les représentations publiques données par Do-

nato en 1880-1881, il se produisit dans la Suisse
romande une fièvre magnétique. Le même phénomène se constate partout où le magnétisme
élève ses tréteaux. Aussi le Donatisme vient-il
d'être interdit en Italie et en Danemark, comme
nous l'avons rapporté. L'entraînement de
l'exemple suffit pour expliquer les ravages de
l'exhibition de ces farces dégradantes. On peut
même dire que leur effet est d'autant plus dangereux, que les individus honnêtes et sérieux
ne tardent pas à reconnaître qu'ils sont hors
d'état de produire des effets réels, de sorte que
les méthodes restent en les mains d'escamoteurs
effrontés, se servant hardiment de ce nouveau
genre de fraudes, pour faire des dupes de toute
espèce, et conseiller des méfaits de plus d'une
nature. Les attentats sur les femmes sont naturellement un de leurs passe-temps les plus
chers. Les familles doivent se trouver, heureuse
quand ils ne se servent pas de leur pouvoir prétendu pour se glisser dans leur sein, et s'y
installer quelquefois d'une façon permanente.

Mme Vautier, de l'Opéra, a publié sous le
titre de « Marquis » l'histoire, malheureusement véridique, d'un déserteur s'étant intro-
duit comme magnétiseur auprès de la mère

d'un proscrit mort en exil, et qui, de fil en aiguille, toujours exploitant le magnétisme, est arrivé à avoir femme riche et hôtel splendide dans une grande capitale. Il est plus facile de se faire cent mille livres de rente en endormant des filles, que huit en élevant des lapins, par le procédé indiqué dans une brochure jadis affichée à profusion dans tous les bureaux d'omnibus.

M. Gilles de la Tourette a parfaitement raison de demander des mesures de répression contre les exploiteurs du magnétisme. Il donne de très amusants détails sur les marchés à somnambules, sur les séances de Mme Louis, membre d'honneur de diverses sociétés savantes et humanitaires, sur les consultations de Mme Marie, célèbre somnambule diplômée qui lit l'avenir dans la paume de la main, et dit « aux personnes qui l'honorent de leur confiance, » leur révèle, ce qu'elles ont à craindre, ou à espérer, consulte à domicile et par correspondance. Il reproduit le fac-simile du diplôme de magnétisme que le journal *la Chaîne magnétique* accorde généreusement à chacun de ses abonnés, lorsqu'il acquitte sa quittance. Il invoque même, avec beaucoup de succès, le souvenir de la fourberie de Mme Cavailha, fai-

sant tourner sa baguette divinatoire dans la
basilique de Saint-Denis, après avoir reçu offi-
ciellement l'autorisation d'y rechercher des tré-
sors cachés, mais il ne parviendra pas plus à cou-
per sa queue, que l'anarchiste faisant appel
à la violence ne se dépétrera des assassins et
des voleurs. En effet, par le concours involon-
taire qu'il prête aux superstitions en consacrant
de son autorité et de son talent les fraudes et
les absurdités de l'enseignement hypnotique,
il multiplie indéfiniment le nombre des dupes
et des imposteurs. Les charlatans lui pardon-
neront bien facilement ses diatribes, car il leur
fournit d'excellents arguments pour augmenter
l'effet de leurs prestiges menteurs. Il n'est jusqu'à « la goutte de café » qui ne tressaille d'aise
et d'espérance, en lisant le récit des expériences
qu'il enregistre, comme le résumé de la science
la plus profonde.

Qu'on lise dans *l'Histoire du Merveilleux*
par Louis Figuer le récit des poursuites inten-
tées par le Saint-Office, aux hommes et aux
femmes que l'on soupçonnait de sorcellerie,
et de leurs horribles supplices. On sera certainement frappé par deux phénomènes également curieux, également instructifs et également faciles à expliquer en quelque sorte l'un

par l'autre. Il est impossible de ne point être étonné en voyant d'un côté la barbarie des inquisiteurs, et de l'autre la profonde inutilité de leurs efforts pour mettre un terme à ces saturnales.

Vainement, ils ont inondé les échafauds de sang, vainement ils ont prodigué les horreurs de la torture, vainement ils ont allumé les bûchers, ils ne faisaient en quelque sorte que multiplier le nombre des sorciers et des sorcières.

Si l'épidémie s'est arrêtée, si l'on a cessé d'entendre parler de ces scènes dégradantes, ce n'est point que la maladie ait été vaincue par la terreur. Ce précieux résultat n'a pu être obtenu que parce que les progrès de la philosophie sont venus faciliter la tâche des agents judiciaires.

Ceux qui ont guéri le monde moderne de cette folie sont les sages dont les écrits immortels ont démontré que tout était mensonge, trompeuses illusions, dans ces prétendus prestiges, et qui ont fait voir qu'on pouvait pendre ou emprisonner les sorciers, non comme sorciers, mais comme escrocs, assassins, incendiaires, ou voleurs....

Vainement M. Gilles espère être plus heureux que Bodin, en favorisant, comme l'auteur de la *Démonologie* l'a fait, la propagation des superstitions dont il croit triompher par des condamnations judiciaires. Les escarpes et les tire-laines ne peuvent utiliser l'hypnôse, que parce qu'il se trouve des écrivains habiles, des médecins savants et considérés, assez crédules pour prendre au sérieux les contorsions des folles de la Salpêtrière, pour avoir plus de confiance dans un contrôleur électrique de leur bonne foi, que dans le dogme de l'inviolabilité de la raison humaine.

Le vrai coupable, l'ennemi, ce n'est point le misérable « marc de café, » la somnambule qui roule sa baraque dans les foires, le paillasse qui reçoit des coups de pied quelque part, pour attirer les badauds à la grande séance d'Hypnotisme du théâtre Delille (1)

(1) Nous avons assisté à cette grande séance de la foire de Montmartre. M. Delille magnétise sa fille, qui reste suspendue en l'air pendant deux minutes, contre l'action de la pesanteur. Nous sommes étonnés que M. Rochas n'ait pas joint ce cas de *Lévitation* à tous ceux qu'il a mis sous les yeux des lecteurs de la *Revue scientifique*. Pour empêcher qu'il ne cite cette nouvelle preuve à l'appui des théories de M. Crookes, nous dirons que pendant qu'on la magnétise, la jeune fille s'approche du fond de la scène. Derrière elle, et par conséquent sans que les spectateurs puissent s'en apercevoir, un levier

17.

On ne ferait qu'aggraver le mal, si l'on considérait la suggestion comme prouvée, et si l'on s'avisait de faire des expertises légales pour savoir si tel individu est ou non hypnotisable ; on retomberait alors dans les exorcismes, les conjurations et épreuves mystiques, dont la saine philosophie a débarrassé la science, alors qu'il y avait péril de bûcher à le faire

Ce n'est pas impunément, du reste, que l'on affaiblirait le principe déjà trop relâché de la responsabilité individuelle, à une époque où les scélérats qui ne peuvent nier leur culpabilité matérielle, ont l'audace de se poser en justiciers et réformateurs.

Nous n'avons pas cru qu'il fût nécessaire de discuter les assertions bizarres de certains auteurs, qui vont jusqu'à prétendre que les suggestions peuvent se donner à échéance

sort d'une toile qui simule une corbeille de fleurs. L'extrémité s'engage dans une sorte de bouche attachée à la ceinture de la jeune fille. Il suffit alors d'un cric mis en action dans la coulisse pour la suspendre, de telle façon que ses pieds soient à 25 centimètres de terre. L'illusion est complète, et le tour a beaucoup de succès. Heureusement à Montmartre, le public est moins crédule que les rédacteurs de la *Revue scientifique*, Ceux mêmes qui ne comprennent pas le truc sont persuadés qu'il y en a un, et que Mademoiselle Delille est soutenue par autre chose que par le fluide de l'auteur de ses jours.

éloignée, que le magnétiseur peut se faire obéir
à un an de date, avec la ponctualité d'un débi-
teur acquittant une échéance pour faire honneur
à sa signature.

Mais nous ne pouvons nous empêcher de
nous demander ce que répondrait le ministère
public, à des accusés alléguant qu'ils ont été
les instruments involontaires d'un ordre crimi-
nel, retentissant dans leur cerveau, un an après
le jour où la suggestion a été lancée, par un
magnétiseur inconnu, habitant peut-être au-
delà des Océans!

Si la suggestion était considérée comme une
excuse légale, on ne traduirait pas en justice
un seul scélérat, qui, s'il était pris en flagrant
délit, ne commencerait par dire que la pensée
délictueuse a pris naissance ailleurs, qu'il n'a
été que la victime innocente, inconsciente d'un
inconnu qui lui a donné d'une façon irrésistible
l'injonction criminelle, et qui a profité du dé-
sordre de sa raison, pour l'obliger à agir contre sa volonté, contre sa conscience.

Ce n'est pas impunément qu'on introduirait
l'absurdité dans nos codes.

Au moyen de quelles preuves l'honnête
homme accusé par un bandit, cherchant à jeter
le doute dans l'esprit des bons jurés, arrive-

rait-il à établir son innocence ? Tout le monde
ne serait-il pas exposé à être traîné sur les
bancs de la cour d'assises ou de la police correctionnelle, si les magistrats instructeurs
étaient obligés de faire entrer la suggestion
dans leurs réquisitoires ? Qui serait à l'abri
d'insinuations insultantes, si les avocats pouvaient rechercher les circonstances atténuan-
tes, en déchargeant leur client sur une volonté
étrangère ? Qui n'aurait point à redouter la
malignité publique si des dispositions positives,
introduites dans les codes, permettaient d'aller rechercher au-delà des mers et à une époque
antérieure, l'origine d'injonctions irrésistibles
ayant dirigé le poison, le revolver ou le poi-
gnard ?

La majesté de nos lois serait irréparablement
compromise par une déclaration législative,
dont l'absurdité est manifeste, et qui nous rendrait la risée de l'Univers. Nous ne sommes
que trop compromis déjà par l'étalage que l'on
fait de superstitions vaines, de représentations indignes de la majesté de la médecine.

Ce n'est pas déjà sans inconvénients sérieux,
palpables, que tant de romanciers font un
usage si fréquent, si immodéré, de ces forces
mystérieuses, qu'ils introduisent dans les œu-

vres de fiction ces superstitions, qui trou-
blent si souvent les relations sociales, qu'ils
attribuent une existence réelle à ces chimères car souvent les lecteurs se laissent en-
traîner à prendre pour des récits véridiques,
ce qui n'est que l'œuvre d'une imagination bizarre.

Non seulement l'idée qu'une intelligence
étrangère peut s'emparer traîtreusement de
l'esprit du coupable, est un obstacle à la répression des crimes, une entrave à l'exercice
de la Justice, mais cette superstition atroce
serait la ruine de la sécurité publique et pri-
vée. Elle détruirait radicalement l'amitié, la
confiance dans les relations les plus ordinaires
de la vie. Les plus humbles ménages seraient
empoisonnés par le soupçon comme le sont les
cours des empereurs, des sultans et des rois,
car les fils pourraient être déchaînés contre les
pères, non point par des flatteurs, des ambi-
tieux, des favoris, mais par des hypnotiseurs
dont les victimes ignoreraient jusqu'au nom.
La médiocrité la misère même ne protè-
gerait pas contre le doute ce supplice réservé jusqu'à ce jour aux grands. Quel est le
mari qui garderait la moindre confiance dans
la fidélité de son épouse, si à la crainte de la

fragilité féminine venait se joindre l'appréhension de ténébreuses suggestions?

Vous avez confiance dans votre médecin,
mais qui vous dit que l'ordonnance qu'il rédige
n'est point dictée par un scélérat qui veut vous
empoisonner? quelle preuve avez vous qu'un
bandit n'agira pas sur l'esprit du pharmacien
et qu'il ne l'obligera pas à plonger sa main dans
le bocal à l'arseni ? quand il croira vous donner
de la magnésie? Vous-même êtes-vous sûr
qu'on ne vous suggèrera par l'idée de vous
pendre ou de vous jeter par la fenêtre.

Nous n'aurions même plus la consolation de
maudire l'Auteur de nos calamités ! nous ne
saurions plus même qui vouer à l'infamie, nous
ignorerions jusqu'à la l'époque ou il a agí,
jusqu'à la ville qui a vu naître ce monstre, jusqu'à celle où il se tient après.

La République devient un mensonge révol-
tant, universel, une ironie. A quoi servent les
professions de foi, les discours? vous applau-
dissez, insensés…Qui vous dit que l'orateur qui
réveille votre patriotisme n'est par une machine à paroles dont l'ennemi de la France fait
mouvoir et la langue et le bras; un mannequin,
un Polichinelle dont M. de Bismark tient les
fils à Berlin.

Un jeune homme charmant jure qu'il vous adore! Il se jette à vos pieds, malgré tes ses protestions, ses gestes, l'éclat de ses regards, le tremblement de sa voix, tremblez tremblez pauvre fille, ce n'est que l'instrument inconscient du vieux magnétiseur débauché, infâme, cacochyme, poussif, que vous avez repoussé et qui se venge de vos dédains.

Il y a quelques années Massol, un honnête et vaillant républicain, avait rêvé de fonder la vertu sur la dignité humaine. LA MORALE INDÉPENDANTE résumait son énergique doctrine en deux mots... C'est vainement de sa bouche qu'avec Henry Brisson, Bancel, Gambetta, Ferry, Floquet, Liouville, et tant d'autres qui ont marqué dans l'histoire de notre république nous avons appris le mépris des apostasies et l'amour de la liberté.

Que reste-t-il de ces mâles enseignements si MM. les docteurs Richet Charcot, Dumont pallier, Bernhein, etc. etc, ont raison.... Rien...Rien...Pas même des ruines...Tout nous manque à la fois... Nous tombons dans les ténèbres, le chaos, le néant... Le souffle maudit de l'hypnose a tout flétri... tout emporté..... nous ne sommes plus que grains de sable lancés dans le désert entraînés par la violence

de l'ouragan ; nous ne pouvons plus nous refu-
gier dans l'asile de notre conscience qui nous
est arrachée, nous nous sentons o misère suprême, réduits à douter... de notre propre
pensée ! !

Si les autorités universitaires, administratives et académiques tenaient la main à l'application des règlements et des lois, on verrait
bientôt disparaître l'agitation factice contre
laquelle nous avons écrit ce petit volume, non
sans quelque animation et même sans quelque
dépit, car nous n'étions point préparé à nous
débattre contre de semblables ennemis de la
raison. Quelque appréhension que nous eus-
sions des résultats de l'introduction en France
du matérialisme exotique, nous ne pensions
pas que les effets dussent être si rapides, si
funestes.

Nous ne supposions pas, quand nous avons
écrit notre *Physique des miracles*, que moins de
vingt ans après nous serions réduits à défendre
l'indépendance, l'existence même de la raison
humaine, contres des prétendus libres penseurs ruinant les bases mêmes de la philosophie
moderne.

Quand nous nous considérions comme fort
honoré de publier des articles dans la *Revue*

des cours publics, nous aurions repoussé avec indignation la prédiction d'une somnambule qui nous aurait affirmé que cette feuille consacrerait l'influence que nous étions heureux de lui voir prendre à la propagation de superstitions pires, plus dangereuses encore, que celles que nous reprochions aux catholiques !

Mais vous, hommes illustres, dont je vénère le nom, dont j'admire les écrits, que dites-vous en ce moment, ô Voltaire, ô Diderot, ô Condorcet, ô d'Alembert, ô géants de la pensée humaine ?

Si du séjour des sages, où vous dissertez sans doute avec tous les grands génies que l'humanité a produits, sur l'avenir de la race humaine, vous pouvez encore discerner ce qui se passe ici-bas, vous ne pouvez être que bien médiocrement touchés des hommages que l'on a accordés il y a quelque temps à votre mémoire.

Il est vrai, vos statues, inaugurées avec pompe, décorent nos places publiques. Vos images sacrées sont sous les yeux de la jeunesse.

Mais est-ce avec du bronze et du marbre que l'on honore véritablement l'esprit des grands philosophes ? N'est-ce point en pénétrant le sens de leurs écrits, en en buvant le suc divin, en se nourrissant des vérités sublimes qu'ils expriment ?

N'est-ce point en quelque sorte ajouter à la dégradation de notre culture nationale, que de vous forcer à contempler en effigie le triomphe des doctrines que vous avez combattues, abhorrées, contre lesquelles votre génie s'est épuisé à forger des armes invincibles ! On devrait couvrir vos nobles statues d'un voile noir, aussi longtemps que les marchands de miracles laïcs n'auront pas été réduits au silence, et qu'ils ont l'espérance de rendre leur illusionnisme obligatoire.

Malgré les imperfections de notre œuvre, malgré notre impuissance d'égaler votre verve, de châtier comme vous saviez le faire l'ignorance et l'orgueil, de lancer comme votre plume redoutable des mots qui vibrent à travers les siècles, nous sommes persuadé, nous ne le cachons pas, que vous envisagez notre humble volume avec sympathie et indulgence ; car c'est dans vos écrits que nous avons puisé le courage d'élever notre voix pour protester seul et sans le seul diplôme contre les assertions de tant de savants docteurs.

FIN

TABLE DES MATIÈRES

FIN DE LA TABLE DES MATIÈRES

ASNIÈRES.— IMPRIMERIE LOUIS BOYER ET Cie.

www.ingramcontent.com/pod-product-compliance
Lightning Source LLC
Chambersburg PA
CBHW050507270326
41927CB00009B/1938